KB059360

동아시아 속 2.8독립선언, 그 역사적 의의

젊은이들의 만남과 꿈

HIGASHI ASIA NO NAKANO 2-8 DOKURITSU SENGEN – WAKAMONO TACHI NO
DEAI TO YUME by Lee Sungsi, edited by The History Museum of J-Koreans
Supervised by Lee Sungsi, edited by The History Museum of J-Koreans
Copyright © Lee Sungsi, The History Museum of J-Koreans 2020
All rights reserved.
Original Japanese edition published by Akashi Shoten Co., Ltd.
Korean translation copyright © 2023 by SAMIN BOOKS
This Korean edition published by arrangement with Akashi Shoten Co., Ltd., Tokyo,
through HonnoKizuna, Inc., Tokyo, and AMO AGENCY

동아시아 속
2.8독립선언, 그 역사적 의의

2023년 2월 8일 초판 1쇄 펴냄

편저 재일한인역사자료관
감수 이성시
번역 배영미·박준형
편집 나루
펴낸이 신길순

펴낸곳 (주)도서출판 삼인
전화 02-322-1845
팩스 02-322-1846
이메일 saminbooks@naver.com
등록 1996년 9월 16일 제25100-2012-000046호
주소 (03716) 서울시 서대문구 성산로 312 북산빌딩 1층

디자인 끄레디자인
인쇄 수이북스
제책 은정

ISBN 978-89-6436-234-1 93910

값 17,000원

동아시아 속 2.8독립선언, 그 역사적 의의

젊은이들의 만남과 꿈

재일한인역사자료관 편 | 이성시 감수

배영미·박준형 번역

삼인

머리말

　1919년 2월 8일 도쿄東京 간다구神田区 니시오가와초西小川町 소재 재일본조선기독교청년회(이하 재일조선YMCA) 회관 강당에 수백 명의 조선인 유학생이 모인 가운데 독립선언서가 낭독되었습니다. 독립선언서는 1918년 말부터 이듬해 1월 초에 걸쳐 11명의 대표로 결성된 비밀 결사 조직 조선청년독립단 명의로 작성되었습니다. 선언서는, '한국병합'이 조선인의 의사가 아니라 일본의 제국주의적 야심에 의한 것으로, 일본 및 세계 각국은 조선에 민족자결의 기회를 부여해야 하며 만일 일본이 이에 응하지 않을 경우 '혈전血戰', 곧 철저히 항전할 것을 결의하고 있습니다. 2.8독립선언은 3.1독립운동에 앞선 선구적 행동으로 한국 독립운동의 중대한 한 획으로 평가받고 있습니다.

　이 책은 2.8독립선언 및 3.1독립운동 100주년을 기념하여 2019년 2월 2일 도쿄 소재 재일한인역사자료관에서 열린 심포지엄 '동아시아 속 2.8독립선언의 의의'의 발표와 토론을 바탕으로 기획하였습니다.

　심포지엄 기획의 핵심은 지금까지 3.1독립운동과의 관계를 중심으로 논해왔던 2.8독립선언의 의의를 동아시아라는 공간 속에 자리매김하는 것입니다. 2.8독립선언이 3.1독립운동을 이끌어냈고 이후 중국의 5.4운동으로 이어졌듯 동아시아 각지에서 전개된 민족운동과의 관계까지 아우르고자 하였습니다. 또한 동아시아 유학생들이 민족과 국경을 넘어 이국땅인 도쿄에서 만나 서로의 꿈에 관해 이야기 나누고 함께 활동하면서 당대 민족운동의 선구자로 살았던 시대의 움직임을 가능한 밝혀내 동아시아 차원에서 2.8독립선언의 의의를 논의하고자 했습니다.

2.8독립선언은 조선인 유학생들이 선언의 대상을 일본이나 고국의 동포만으로 한정하지 않고 전세계를 대상으로 삼은 사실이 중요합니다. 3.1독립선언서를 조선어판만 작성하여 한반도 내에서만 배포한 데 비해, 2.8독립선언서는 조선어, 일본어, 영어 3개 언어로 작성하였습니다. 이듬해 3월에는 중국어판도 작성하여 잡지 《신한청년新韓青年》에 게재하였습니다. 2.8독립선언은 전세계를 상대로 발신한 것입니다. 발신 대상 하나만 보더라도 일국一國의 틀을 당연시해서는 2.8독립선언의 국제성을 이해할 수 없음을 알 수 있습니다.

심포지엄에서는 동아시아에서 모인 도쿄 유학생들 사이에 동아시아 규모의 교류와 네트워크가 존재했다는 사실을 인식하고, 이것을 선언서를 발표하게 된 중요한 배경으로 확인하는 데 노력을 기울였습니다. 선언의 주체였던 조선인 유학생들은 도쿄에서 중국·타이완 유학생과 가까운 이웃으로 만나 교류하였습니다. 동아시아 차원에서 맺어진 유학생들 사이의 교류와 유대는 현재 우리가 상상하기 힘들 정도로 광범위하고 탄탄하지 않았을까 합니다.

2.8독립선언 3년 전인 1915년 1월 18일, 일본 정부는 중국의 위안스카이遠世凱 정권에 21개 조條 요구를 강요했습니다. 21개 조 요구는 중국의 반일 운동이 활발해지고 중국인이 일본의 식민지가 된 조선에 주목하는 계기가 되었습니다. 동시에 조선인 유학생도 중국을 주목하면서 상호 관계가 형성되었습니다. 조선의 독립을 호소한 박은식朴殷植의 『한국통사韓國痛史』를 예로 들어봅시다. '독립운동을 몽상夢想하는' 조선인이 쓴 역사서 유포에 조선총독부가 골머리를 앓았다는 사실은 잘 알려져 있습니다. 그러나 애초에 『한국통사』가 1915년 6월 중국 상하이에서 중국어로 발표되었고, 중국의 정치가 캉유웨이康有爲가 경영하는 대동편역국大同編譯局에서 출판되었다는 사실은 대부분 모릅니다.

일본의 대 중국 21개 조 요구로부터 한 달이 지난 1915년 2월, 도쿄의 중국인 유학생들이 대규모 반대 집회를 열었습니다. 중국인 유학생들의 항일운동에 조선인 유학생들이 크게 고무되었습니다. 도쿄 외국어학교에서 중국어를 배우고 있던 유학생 하상연河相衍을 매개로, 신해혁명에 참여한 중국인 유학생들이 주도하여 조선·중국·타이완 유학생들의 비밀결사 신아동맹당新亞同盟黨을 결성했습니다. 이 결사 조직은 일본 제국주의 타도와 조선·중국·타이완 해방을 목적으로 하였습니다. 이후 신아동맹당에 참여한 조선인 유학생들은 2년여 동안 비합법 독립운동을 펼쳤습니다. 도쿄에서 형성된 이 네트워크는 베이징을 거쳐 중국대륙까지 확산되어 조선인 멤버 중 한 명이 베이징에서 리다자오李大釗를 만나기도 했습니다.

또한 유학생들이 일상에서 겪은 일본의 사회·문화를 2.8독립선언서에 반영했다는 사실에도 주목했습니다. 예를 들어 선언서에 '개조改造'라는 용어가 여러 번 등장합니다. 개조는 당시 일본에서 가장 흔하게 사용했던 사상 용어였으며 1919년의 진보 잡지《개조改造》의 창간과 관련 있음을 발표자 오노 야스테루小野容照가 밝히기도 하였습니다.

언론·집회·결사의 자유가 크게 제한받는 식민지 조선 상황에서 유학생들은 일본 유학으로 얻은 근대 지식을 고국에 널리 알리는 일에 강한 사명감을 지니고 있었습니다. 2.8독립선언서를 낭독한 재일조선 YMCA 회관은 이러한 유학생들의 활동 거점이었고 도쿄 유학생을 총망라하는 재도쿄유학생학우회(이하 학우회) 기관지《학지광學之光》의 발행처였으며 학우회 총회를 연 곳이기도 합니다.

일본에서 조선인 유학생들의 출판 활동은 독립운동에 큰 역할을 했습니다. 출판은 한글판 성경을 인쇄하던 복음인쇄합자회사福音印刷合資會社가 담당했는데 이곳은 성경을 여러 나라 언어로 인쇄하던 곳이었습니다. 실제로 일본 기독교와 기독교인들은 조선인 유학생들의 한글

활자 인쇄 및 출판 활동에 깊이 관련되어 있었습니다.

2.8독립선인 및 3.1독립운동과 기독교와의 관련성은 오래전부터 주목받아왔습니다. 이번 심포지엄에서는 기독교와의 관계를 재검토함으로써 그 실상을 밝히고 종래의 긍정적 평가에 더해 새로운 면까지 다룰 수 있었습니다. 이러한 측면에 주목한 덕분에 그 시대를 산 사람들의 삶과 가치관을 한 차원 깊이 들여다볼 수 있었습니다.

2.8독립선언과 재일조선인 커뮤니티와의 관계도 중요한 논점 중 하나로 다루고자 했습니다. 당시 유학생 중 3.1독립운동 전야를 그린 소설 『만세전萬歲前』의 작가 염상섭廉相涉이 있습니다. 염상섭은 3월 19일 오사카大阪의 덴노지天王寺 공원에서 '재오사카한국노동자 일동' 명의로 작성한 독립선언서를 조선인 노동자들에게 배포하려 했습니다. 이를 근거로 염상섭과 유학생들이 조선인 노동자들에게 다가갔다는 사실에도 주목했습니다.

이상과 같이 심포지엄 '동아시아 속 2.8독립선언의 의의'에서는 2.8독립선언을 재조명하여, 2.8독립선언서의 의의를 한 나라의 역사에 가두지 않고 동아시아라는 공간으로 확대하고 오늘날 남겨진 과제를 직시하고자 했습니다. 기획 취지의 이면에는 2.8독립선언을 동아시아의 역사적 맥락 속에 자리매김함으로써 오늘날의 과제인 '동아시아 평화 구상'으로 이어나가고자 하는 바람이 있었습니다.

현재 한반도를 둘러싼 동아시아 각국의 상호 관계는 심각하게 악화되어 화해의 길이 전혀 보이지 않습니다. 독립운동의 주역이었던 조선인 유학생들은 광범위한 네트워크 속에서 활동했습니다. 그들의 독립운동이 당시 동아시아의 사회운동 및 사상적 상황과 어떻게 맞닿아 있었던지, 동아시아 각국이 구체적으로 어떠한 영향을 주고받았던지 살펴봄으로써 오늘날 엄혹한 현실에 필요한 교훈을 반드시 얻을 수 있으리라 생각합니다. 당시 국제적 배경과 영향 관계를 학술연구를 통해 구체적으로 검증해야 한다는 생각으로 한국사뿐 아니라 중국사 연구 관점에서도 기탄없이 토론하였습니다. 100주년을 맞이하여 100년 전 독립운동의 의의를 그대로 동아시아의 현실에 살려낼 수 있으리라 생각했기 때문입니다.

심포지엄은 2.8독립선언의 역사적 의의를 동아시아 차원의 넓은 관점에서 전망한 오노 야스테루의 기조 강연으로 시작하였습니다. 이어 2.8독립선언의 주체였던 조선인 유학생이 2.8독립선언 이후 어떠한 변화를 겪었는지를 논한 배영미裵姈美, 타이완 유학생의 관점에서 조선인 유학생들과의 연계를 논한 지쉬펑紀旭峰, 2.8독립선언 및 3.1독립운동과 기독교와의 관계를 재검토한 마쓰타니 모토카즈松谷基和의 발표가 이어졌습니다. 각 발표를 통해 2.8독립선언이 발표된 당시 동아시아에 살았던 유학생들과 독립운동에 참여한 인물들의 동시대적 상황을 역사적 맥락에서 재확인할 수 있었습니다.

각 발표에 대해 오노데라 시로小野寺史郎는 중국사 연구의 관점에서

3.1독립운동과 5.4운동과의 관계를 중심으로, 정영환鄭栄桓은 동아시아 연계라는 관점에서 해방 후 재일조선인에게 2.8독립선언 및 3.1독립운동이 어떠한 의미를 지니는지 토론하였습니다. 이어 심포지엄의 핵심인 '동아시아 속 2.8독립선언의 의의'에 대한 종합토론을 하였습니다. 이 책은 위와 같은 발표와 토론의 유기적 연계를 고려하여 발표문과 토론문 총 6장 및 종합토론으로 구성, 편집하였습니다.

마지막으로 이 책의 용어에 대해 말씀드리고자 합니다. 심포지엄 당일 다양한 정치적 입장을 지닌 분들이 참석했고 각각의 처지에서 다르게 사용해오던 고유명사에 대해 논의하였습니다. 그 결과 심포지엄과 이 책에서는 일본 학계에서 관례로 사용하는 지리적·민족적 고유명사의 총칭으로서 '조선'을 사용했습니다.[*]

발표와 토론을 맡아준 선생님들을 비롯하여 심포지엄에 참석한 모든 분들, 심포지엄 개최를 지원해준 분들, 이 책을 편집해준 재일한인 역사자료관의 이미애 씨와 김진 씨에게 감사 말씀드립니다.

이성시李成市

---

[*] 본서의 기획 취지인 지리적·민족적 고유명사의 총칭으로서의 '조선'이라는 용어 사용을 존중하되, 책 전체의 용어 통일성과 한국어 전달력 등을 고려하여 1948년 이전은 '조선', 이후는 '한국', 일본에서 통용되는 '조선반도'는 '한반도'로 각각 표기하였다. ― 역자

차례

제1장

2.8독립선언 재고
_ 3.1독립운동의 '도화선'을 넘어

오노 야스테루 小野容照

들어가며

2019년 3월 1일 100주년을 맞은 3.1독립운동은 일제강점기 조선의 최대 독립운동으로 평가받는다. 특히 한국에서는 일찍이 1949년부터 3월 1일을 '3.1절'이라는 이름의 공휴일로 지정했고 이후에도 '위대한 운동', '우리 민족의 영광'으로 칭송해왔다.[1]

3.1독립운동의 '도화선'=전사前史로 자리매김한 것이 1919년 2월 8일 일본의 대학 등에서 유학 중이던 조선인 학생들이 도쿄에서 발표한 독립선언, 이른바 2.8독립선언이다. 2.8독립선언의 위상과 관련하여 아래 두 문장을 소개한다.

> 민족자결의 적용을 받아 독립을 기대할 수 있겠다고 오해하여 우선 도쿄 유학생이 멀리 있는 재외 불령자(재외 조선인독립운동가)와 호응하여 독립운동을 개시하자 조선 내 일반학생, 청년의 분기를 불러일으켜 소요(3.1독립운동)의 도화선이 되기에 이르렀다.[2]

> 이날 유학생들이 낭독한 「조선청년독립선언서」는 우리 독립운동의 화톳불을 밝히는 '불쏘시개'가 되었습니다. 「2.8독립선언서」는 학생들에 의해 작성되었고 3.1독립운동에 직접적인 영향을 주었다는 데 큰 의미가 있습니다.[3]

앞 문장은 1919년 6월 조선헌병대 회의 기록이다. 추측컨대 3.1독립운동의 '도화선'이라는 표현은 이 사료에서 유래한 것으로 보인다. 뒤 문장은 2019년 2월 8일 문재인 당시 대통령의 100주년 기념사이다. 고조되는 독립운동을 단속하는 조선헌병대와 3.1독립운동 100주년 기념사업을 추진하는 문재인 대통령은 시대 상황도 입장도 완전히 다르다. 그러나 2.8독립선언이 3.1독립운동의 '도화선', '불쏘시개'가 되었다는 평가는 정확히 일치한다. 2.8독립선언을 3.1독립운동의 전사로 간주하는 인식은 1919년 당시로부터 100년이 지난 오늘날까지 광범위하게 공유되고 있다고 할 수 있다.

'위대한 운동'인 3.1독립운동에 대한 한국의 연구 업적은 방대하다. 반면 2.8독립선언에 대해서는 3.1독립운동과의 관련성을 언급한 연구만 많을 뿐 2.8독립선언 자체에 초점을 맞춘 연구는 매우 적다.[4] 조선인 유학생에 관한 연구도 마찬가지다. 1910년대 유학생 연구가 어느 정도 축적되었음에도 마치 3.1독립운동이 일어남으로써 조선인 유학생들의 역사적 사명은 모두 끝났다는 듯 1920년대 이후에 관한 연구와 분석은 찾아보기 힘들다.

문재인 당시 대통령이 기념사에서 말했듯, 2.8독립선언이 '3.1독립운동에 직접적인 영향을 주었다는 데 큰 의미가 있다'는 것은 사실이다. 바꾸어 말하면 100년 동안 2.8독립선언은 3.1독립운동의 전사로서의 의의만 인정받았음을 의미하기도 한다. 앞서 말한 조선인 유학생

연구의 경향과 마찬가지로 이러한 점이 한국근대사 연구의 시야를 좁혀버렸음을 부정할 수 없다.

2.8독립선언의 의의를 동아시아 규모 차원에서 고찰하는 것이 이 책의 목적이다. 그 전제로서 이 글에서는 조선인 유학생의 독립운동을 개관하면서 2.8독립선언의 다양한 의의와 논점을 제시하고자 한다. 또한 본론에 들어가기에 앞서 2.8독립선언을 왜 동아시아 차원에서 고찰해야 하는지, 다양한 논점이란 구체적으로 무엇인지에 대해 2.8독립선언의 개요와 함께 설명하고자 한다.

2.8독립선언이란 조선인 유학생이 '조선청년독립단' 명의로 도쿄 간다쿠 니시오가와초에 있던 재일조선YMCA 회관에서 발표한 독립선언을 칭한다.[5] 메이지가쿠인明治學院 대학과 와세다早稻田 대학에서 유학한 이광수李光洙가 선언서를 기초했다고 알려져 있고 한국어, 일본어, 영어 세 언어로 작성되었다(영어판은 실물을 확인할 수 없다). 선언서는 2월 8일 오전 일본의 제국의회, 각국의 주일대사관, 언론사로 송부되었고 같은 날 오후 재일조선YMCA 회관에서 낭독되었다. 그다지 알려지지는 않았지만 1920년 이광수가 편집자로 상하이에서 간행한 잡지 《신한청년》 창간호(1920년 3월)에 중국어판도 게재되었다(권말 자료 참조). 3.1독립운동의 독립선언서(이하, 3.1독립선언서)가 한국어판만 작성되었고 한반도 내에만 배포되었던 것에 비해 2.8독립선언서는 애초부터 세계적으로 널리 읽힐 것을 의식하고 작성했다고 할 수 있다.

이 점은 선언서 내용에서도 명확하게 드러난다(선언서 전문은 권말 자료 참조). 선언서의 내용은, '한국병합'은 조선인의 의사에 따른 것이 아니다, 일본의 식민 지배가 조선 민족의 생존권을 빼앗고 있다, 국제연맹을 비롯한 세계 각국이 '군국주의적 침략'을 불식시키려 하고 있다, '민족자결주의를 우리 민족에게도 적용할 것을 만국강화회의에 청구'한다, 등이다.

'만국강화회의'란 제1차 세계대전의 전후 처리를 위해 1919년 1월부터 프랑스에서 개최 중이던 파리강화회의를 가리키는 것으로 민족자결이 주된 안건이었다. 곧, 2.8독립선언은 파리강화회의에서 조선의 독립문제를 논의할 것을 요구하는 데 초점을 맞춰 작성한 것이었기에 전세계 국가를 대상으로 발신한 것이다.

2.8독립선언은 3.1독립운동과의 관련이라는 한국근대사의 틀을 넘어 세계사적 시야에서 분석해야 한다. 이 책에서 동아시아에 주목하는 것은 조선인 유학생이 일본에서 성장하고 일본에서 독립선언을 발표했기 때문이다. 일본에서 독립선언을 발표한 사실에 주목하면 다음과 같은 두 가지 논점이 떠오른다.

첫째, 일본 사회에 대한 직접적 영향이다. 3.1독립운동은 일본의 언론에서도 대체로 조선인 폭동으로 다루기는 했으나 보도는 되었다. 그렇지만 바다를 사이에 두고 있어 일본인이 독립운동의 주도자들을 접하기는 쉽지 않았다. 반면 조선인 유학생과의 접촉에는 이러한 지리적 제약이 없기에 유학생들을 통해서 독립운동에 관한 생생한 정보가 일본 지식인이나 정치가들에게 전달되었을 가능성이 있다. 덧붙여 말하자면 선언서에 '개조'라는 용어가 여러 차례 등장하는데 1919년에 잡지 《개조》가 창간되었듯 '개조'는 당시 일본에서 당대를 대표하는 용어였다. 2.8독립선언과 일본 지식인 사이에는 어떤 형태든 사상적 관련성이 있었다고 볼 수 있다.

둘째, 동아시아 여러 민족운동과의 상호 관계이다. 1910년대 도쿄에는 동아시아 각 지역 유학생들이 모여 있었다. 덕분에 조선인 유학생들은 조선에서는 만날 수 없는 중국이나 타이완 유학생과 교류할 기회를 가졌다. 중국·타이완 유학생들이 일본에서 민족운동을 전개하고 있었기에 조선인 유학생들은 중국·타이완의 민족운동과 상호작용 속에서 조선의 독립운동을 전개할 수 있었다. 2.8독립선언은 3.1독립운동의 전사라는 한국사의 틀만으로 이해하기보다 조선·중국·타이완의 민족운동을 아우르는 동아시아사 차원에서 바라보는 게 더 유효하다고 할 수 있다.

위와 같은 논점에 더해 한 가지 주목하는 점은 기독교와의 관계이다. 앞서 말했듯 2.8독립선언은 재일조선YMCA 회관에서 발표되었다. 2.8독립선언이나 3.1독립운동을 이해하는 데 독립운동과 기독교의 관계를 간과할 수 없다. 2.8독립선언과 마찬가지로, 오히려 그 이상으로 3.1독립운동도 기독교와 관련 깊다. 3.1독립선언서에는 천도교·기독교·불교 종교지도자 33인이 서명했는데('민족대표 33인') 그중 기독교도가 16명으로 가장 많다.

이제 일본 사회에 대한 영향, 동아시아 민족운동과의 관계, 그리고 기독교라는 세 가지 논점으로 2.8독립선언에 이르는 조선인 유학생의 독립운동을 살펴보자.

1 '한국병합' 후 조선인 유학생
_〈수단으로서의 기독교〉

조선인 유학생의 계몽운동

'한국병합' 후인 1912년 도쿄 유학생을 망라하는 단체로 '학우회'가 결성되었다.[6] 이 단체의 목적은 유학생 간의 친목 도모, 민족운동, 특히 조선어 출판물 간행을 통한 계몽 활동 전개였다. 학업이 본분이어야 할 유학생이 계몽 활동에 주력한 배경에는 조선을 통치하는 조선총독부의 식민 지배 정책이 존재한다.

선언서에서도 강하게 비판했듯 당시 조선총독부의 '무단정치' 정책으로 조선인의 언론·집회·결사의 자유가 현저히 제약받고 있었다. 조선인에게는 고등교육을 시행하지 않는다는 방침이 있어 대학도 설립

되지 않았다. 고등교육을 받으려는 조선인들은 가장 가까운 '근대' 도
시 도쿄의 대학으로 유학해 공부뿐 아니라 일본의 신문지법의 범위
내에서 가능했던 언론 및 출판 활동에 힘썼다.

　이러한 상황은 학우회 기관지로서 1914년에 창간된 《학지광》에 잘
드러나 있다. 예를 들어 현존하는 권호 중 가장 오래된 《학지광》 제2
호(1914. 4) 권두사卷頭辭에서 "반도의 민지民智를 증발增發시키는 것은
우리 유학생의 중책"이고 "본지本誌(학지광)는 이상과 융화하고 문명을
소개하기 위한 기관機關으로서의 편의를 제공"하는 것이라며,[7] 일본에
서 얻은 근대적 지식과 문명으로 조선을 계몽시켜 나가고자 하는 의
지를 표명하고 있다.

〈수단으로서의 기독교〉

　《학지광》에는 사상이나 이론, 문예 작품 등 다양한 글들이 게재되었
다. 언론의 자유가 없는 조선에서도 《학지광》은 많은 독자를 확보하고
있었다. 1918년 3월에 발행된 제15호는 1,600부가 인쇄되었고 그중
184부가 조선으로 유입되었다. 이 시기 유학생은 《여자계女子界》(1917
년 7월 창간), 《기독청년基督靑年》(1917년 11월 창간) 등의 조선어 잡지를
발행하면서 활발한 출판 계몽 활동을 펼쳤는데 기독교가 이러한 활
동을 가능케 했다.

사실 일본에 한글 활자를 가진 인쇄소가 많지 않아 조선어 출판물을 간행하려는 유학생들은 어려움을 겪었다. 그런 상황에서 유학생이 간행하는 대부분의 출판물은 요코하마橫濱 소재 복음인쇄합자회사에서 인쇄했다. 기독교인 무라오카 헤키치村岡平吉가 경영하던 복음인쇄합자회사는 조선어뿐 아니라 여러 나라의 언어로 성경을 인쇄하던 곳으로 2014년에 방영된 일본 NHK 드라마 '하나코와 안花子とアン'에 등장하는 무라오카村岡 인쇄의 모델이기도 하다. 실제 《학지광》이나 《기독청년》에는 고바야시 도라지로小林寅次郎 상점(현 라이언주식회사)의 '라이언 치약'이나 가나가와현神奈川縣 쇼난湘南 지역의 요양소 '난코인南湖院'의 광고가 게재되어 있다. 두 회사 경영자 모두 도쿄 유미마치혼고弓町本鄕 교회에 다니는 기독교인이다. 광고료와 인쇄비의 상세한 내역을 알 수는 없으나 조선인 유학생의 출판 활동은 일본인 기독교인 없이는 성립할 수 없었다고 할 수 있다.

재일조선YMCA도 중요한 역할을 했다. 자체 건물이 없던 학우회는 《학지광》 발행소를 하숙집에 둘 수밖에 없었다. 그렇다고 하숙집에서 집회를 열 수는 없었다. 학우회는 다른 활동 거점을 찾아야만 했고 수소문 끝에 찾은 곳이 바로 재일조선YMCA 회관이다.

재일조선YMCA는 1906년에 설립되었으며 기관지 《기독청년》을 발행했다. 조선인 단체지만 미국인 선교사가 운영에 관여했고 미국 뉴욕의 YMCA로부터 자금을 지원받았다. 당연히 주요 수입원이 회비였던 학우회보다 안정적인 운영 자금을 확보할 수 있었고 2.8독립선언의 무대가 되는 자체 건물도 가질 수 있었다. 재일조선YMCA 회관은《학지광》의 발행소이자 학우회 총회 장소로서 기독교의 보급이라는 본래의 취지에서 벗어나 점차 조선인 유학생의 활동 거점이 되어갔다.

조선의 독립운동을 이해하거나 응원하지 않았던 무라오카 헤키치 등 일본인 기독교인과 학우회를 연결한 이는 조선 유학생 중 기독교인들이다. 그들 덕분에 조선인 유학생의 계몽 활동이 기독교의 도움을 많이 받기는 했으나 건물, 인쇄, 광고 수입 등 신앙과는 직접 관계가 없는 영역에 그쳤다. 결론적으로 1910년대 조선인 유학생 운동은 이른바 〈수단으로서의 기독교〉적 요소가 농후하다고 볼 수 있다. 기독교 신앙의 차원보다는 계몽 활동이나 독립운동을 유리하게 전개하기 위해 기독교 시설을 활용했기 때문이다.

합법적 활동의 한계

조선인 유학생의 계몽 활동은 실력양성론에 근거하였다. 실력양성론은 '선 실력양성 후 독립론'이라 불리는, 당분간 종주국 일본과의 직접 대결을 피하고 우선 조선인의 실력양성에 힘써야 한다는 논리이다. 조선인 유학생은 실력양성운동의 하나로《학지광》등을 통해 사상이나 이론을 계몽하였다. 독립을 직접 목표로 삼지 않은 합법적·온건적 활동이었다.

조선의 독립을 목적으로 삼는 단체를 조직하는 일은 치안경찰법으로 인해 실질적으로 불가능했다. 이러한 처지에 놓여 있던 조선인 유학생은 중국인 유학생과의 만남을 계기로 비합법 독립운동을 전개하게 된다.

2 동아시아 반제국주의 네트워크 형성
_계몽 활동에서 독립운동으로

대 중국 21개 조 요구와 '제2의 조선'

일본의 지배에 고통받던 조선과 타이완의 활동가에게 중국인, 특히 쑨원孫文과 그 주변 활동가들은 든든한 존재였다. 1911년 신해혁명이 일어나자 조선에서는 신규식申圭植이 상하이로 건너가 삼민주의의 하나로서 민족주의를 제창하던 쑨원에게 조선의 독립에 대한 원조를 요청했다.[8] 한편 타이완의 린셴탕林獻堂도 1913년 도쿄에서 망명 중이던 다이지타오戴季陶를 만나 일본 통치 아래 고통받는 타이완인을 구할 방법을 물었다.[9] 그러나 혁명 후 중국의 불안정한 상황 탓도 있어 어떤 경우에도 중국인 활동가가 조선인, 타이완인에게 적극적인 도움의 손

길을 건네지는 않았다. 이러한 상황은 1914년 제1차 세계대전이 발발하면서 크게 변한다.

제1차 세계대전에 참전한 일본은 칭다오青島에서 독일군을 물리치고 산둥山東반도 대부분의 이권을 손에 넣은 후 1915년 1월 8일 위안스카이 정권에 21개 조 요구를 내밀었다. 21개 조 요구는 열강과 손을 잡고 대對 중국 정책을 전개한다는, 그때까지의 일본 외교 정책에서 벗어난 것으로 중국의 내셔널리즘에 일본이라는 '단독 적敵'을 설정하게 하는 결과를 초래했다.[10]

이후 중국에서는 반일 운동이 활발해지는 동시에 조선에 관심이 고조되었다. 대표적 사례가 『한국통사』이다. 이 역사서는 신규식과 함께 상하이에서 활동하던 독립운동가 박은식이 1915년 6월 상하이에서 중국어로 집필하여 캉유웨이가 경영하는 대동편역국에서 간행했다. 조선이 일본의 식민지가 되는 과정을 민족주의의 관점에서 서술한 것으로 나라는 망해도 혼이 망하지 않는 한 조선 민족은 부활할 수 있음을 알리는 것이 박은식의 집필 의도였다. 그런데 캉유웨이가 『한국통사』를 펴낸 의도는 박은식과 달랐다. 캉유웨이는 이 책의 서문에 아래와 같은 글을 수록했다.

이제 『한국통사』를 읽어보니, 망한 나라가 반드시 거치게 되는 과정이 더욱 선명하게 나타나 있다. (중략) 우리 국민들은 이 책을 읽고 우리나라의 장래 모습이 이처럼 되지 않을지 두려워하고 걱정해야 할 것이다. (중략) 중국이 아직은 희망이 있다고는 해도 분발하지 않으면 제2의 조선이 될 날도 멀지 않을 것이니 그저 한숨만 지을 뿐이다.[11]

캉유웨이는 중국이 '제2의 조선', 곧 일본의 식민지가 될지도 모른다는 위기 상황에서 이미 일본에 의해 망국이 된 조선을 예로 삼아 배움으로써 중국의 미래를 그리고자 한 것이다. 그에게 『한국통사』는 참고문헌이었을 뿐이다.

대 중국 21개 조 요구로 촉발된 일본에 대한 위기의식과 조선의 선례에서 배우려는 자세를 캉유웨이만 가진 것은 아니었다. 특히 도쿄에서는 반제국주의를 공통분모로 삼은 강고한 협력 관계가 조선과 중국 유학생들 사이에 구축되어갔다.

신아동맹당

상하이의 조선인 활동가와 마찬가지로 도쿄의 조선인 유학생도 조선 독립에 대한 중국인 유학생의 지원을 기대하고 있었다. 대 중국 21개 조 요구로부터 약 한 달 후인 1915년 2월 11일, 중국인 유학생은 도쿄에서 대규모 반대 집회를 열었다. 중국인 유학생들의 반일 감정이 고조되고 있음을 안 외국어학교 중국어과 조선인 유학생 하상연은 니혼日本대학의 중국인 유학생 야오졘난姚薦楠에게 독립운동에 대한 지원을 요청하여 동의를 얻어냈다. 이후 두 사람은 동지 규합에 힘쓰며 기타진보초北神保町의 중화유일기독교청년회관中華留日基督敎靑年會館(이하 중화기독청년회관)에서 모임을 갖고 7월 8일 도쿄의 중화요리집 주카다이이치사쿠라中華第一櫻에서 신아동맹당이라는 비밀결사를 탄생시켰다.

신아동맹당의 목적은 일본 제국주의 타도와 조선·중국·타이완 해방을 위한 조선·중국·타이완 동지들의 상호협력이었고, 단장은 메이지明治대학의 중국인 유학생 황졔민黃介民(黃覺)이 맡았다.

약 30명의 회원은 모두 조선·중국·타이완 유학생이었다. 조선인 회원은 중국어에 능통하여 단체 내에서 통역을 맡았던 하상연과 장덕수張德秀, 신익희申翼熙, 김명식金明植, 김도연金度演 등 학우회 주요 간부들이었다. 타이완인 회원은 와세다대학의 차이보이蔡伯毅와 훗날 메이지대학에 진학하여 타이완 민족운동의 기수가 되는 펑화잉彭華英 두 명이다.

신아동맹당은 단장이 중국인 유학생이고 회합 장소도 중화기독청년회관이나 중화요리집인데다 공통 언어도 중국어였던 것으로 알 수 있듯 중국인이 주도하는 조직이었다. 그 이유는 중국인 참가자들의 면면을 보면 이해할 수 있다.

단장인 황졔민은 쑨원의 중국동맹회中國同盟會 회원으로 1차 신해혁명에 참여했다가 1913년 3월 쑹자오런宋教仁이 위안스카이에게 암살되자 신변의 위험을 느끼고 같은 해 일본으로 건너가 메이지대학에 유학했다. 야오젠난도 1차 혁명에 참여했으나 1913년 2차 혁명 실패 후 일본으로 건너가 니혼대학에 적을 두었다. 이외에도 첸치유陳其尤 등 신해혁명 경험자가 다수 확인된다.

중국인 참가자는 유학생이기는 했으나 실질적으로는 일본으로 망명한 혁명가이기도 했다. 실제 신아동맹당은 혁명운동의 경험이 풍부한 중국인 유학생들이 조선과 타이완 유학생을 이끄는 조직이었다고 할 수 있다. 조선인 유학생은 중국인 유학생의 선도先導로 처음으로 비합법 독립운동을 경험한 것이다. 타이완의 차이보이도 중국동맹회 회원으로 1차 혁명에 참여했고 같은 경력을 지닌 황제민과는 오랫동안 알고 지낸 사이였다. 조선인 유학생과 타이완인 유학생을 연계시켰다는 의미에서도 중국인 유학생의 역할은 컸다.

신아동맹당의 활동은 두 가지였다. 첫째는 당원 모집이다. 단장 황제민은 하상연과 함께 조선으로 건너가 조소앙趙素昻을 만나고 나서 베이징으로 이동하여 리다자오를 만났다. 이후 조소앙과 황제민은 계속 교류하면서 신아동맹당의 반제국주의 네트워크를 도쿄에서 중국으로 확대해나갔다.

두 번째 활동은 『한국통사』 배포이다. 조선인과 중국인이 이 책에서 느끼고 받아들인 것은 각자 다를 테지만 신아동맹당은 『한국통사』 배포 활동을 통해 도쿄에서 이 두 집단을 연결하는 매개 역할을 했다. 한편 『한국통사』는 하상연이 상하이로부터 밀수하여 관헌의 압수를 피해 중화기독청년회관에 보관하고 있었다. 〈수단으로서의 기독교〉적 요소를 여기서도 살펴볼 수 있다.

신아동맹당이 남긴 것

신아동맹당은 1917년 9월 관헌의 탄압으로 강제 해체될 것을 우려 하여 자주적으로 해산했다. 하지만 그 진가는 아래 두 가지 측면에서 오히려 해산 후 발휘되었다고 볼 수 있다.

첫째, 비합법 운동의 경험이다. 해산 후 장덕수는 상하이로 건너가 독립운동에 뛰어들었고 김도연, 최팔용崔八鏞, 전영택田榮澤은 도쿄에서 2.8독립선언을 주도했다. 이외 수많은 독립운동가를 배출하는데 신아 동맹당에서 축적한 독립운동가로서의 경험이 그 원동력이 되었다. 이 점은 타이완인 유학생도 마찬가지였다. 앞서 말했듯 평화잉도 1910년 대 후반부터 본격화되는 타이완인 유학생 민족운동의 선두에 섰다.

둘째, 네트워크다. 당원 모집을 통해 마련된 동아시아 규모의 네트 워크는 신아동맹당 해산으로 소실되지 않았다. 특히 단장 황제민은 무대를 상하이로 옮겨 조선인과의 협력 관계 유지에 힘쓰게 되는데 이는 2.8독립선언과도 간접적으로 연관된다.

3 민족자결과 2.8독립선언

민족자결과 러시아혁명, 요시노 사쿠조

신아동맹당 해산 후 조선인 유학생은 2.8독립선언 준비에 착수했다. 서론에서 말했듯 2.8독립선언은 파리강화회의에서 '민족자결주의를 우리 민족에게도 적용할 것을 청구'할 목적으로 작성하였다. 조선헌병대 자료에 따르면 이 운동은 '재외 불령자(재외 조선인독립운동가)'와 연계하여 전개되었다. 민족자결과 해외 독립운동의 동향을 살펴보자.

3.1독립운동에 관한 수많은 연구가 우드로 윌슨 미국 대통령이 1918년 1월에 발표한 '14개 조'에서 민족자결을 제창하고 조선인들은 이에 기대를 걸었다(그리고 실망했다)고 설명하지만 부정확한 부분이 있다.[12]

민족자결 문제를 생각할 때 러시아혁명을 간과해서는 안 된다. 1917년 3월 발발한 러시아 2월혁명으로 제정 러시아를 무너뜨리고 탄생한 러시아 임시정부는 4월 민족자결에 의한 평화 수립을 제창했다. 이후 11월, 러시아 10월혁명으로 레닌이 이끄는 볼셰비키가 정권을 장악하자, 러시아는 12월 말 미국 등 제1차 세계대전에서의 승리가 확실시되던 연합국을 대상으로 적국(독일 등 중앙 동맹국)의 식민지 민족에게 자결권을 부여하면서 자국의 식민지 민족에게는 부여하지 않는 것은 결국 제국주의를 옹호하는 처사라는 성명을 발표했다. 사회주의의 세계적 보급을 지향하는 볼셰비키에 있어 피지배 민족은 중요한 대상이었던 것이다. 인류 보편적인 권리로서의 민족자결이라는 개념이 러시아혁명으로 확산되었다고 볼 수 있다.

월슨의 '14개 조'는 이러한 볼셰비키에 대한 대항적 조치로 발표된 것인데, 그렇다고 연합국 측의 식민지 민족에게 자결권을 부여하겠다는 약속을 한 것은 결코 아니었다. 그런데도 조선인이 월슨에게 기대했던 배경으로, 볼셰비키가 말하는 보편적 권리로서의 민족자결과 볼셰비키가 제국주의적이라고 비판한, 월슨이 말하는 민족자결이 오버랩되어 인식되었을 가능성을 지적할 수 있다.

그 가능성을 가장 무겁게 받아들인 일본인이 훗날 조선인 유학생의 이해자理解者가 되는 요시노 사쿠조吉野作造였다. 요시노가 잡지《중앙공론中央公論》에 게재한 논설에 따르면, 민족자결은 "영구적 평화"를 위한 기초로서 볼셰비키가 제창했고 월슨이 뒤따름에 따라 곧 열릴 강화회의의 "가장 중요한 일원칙一原則"이 되었다. 볼셰비키의 민족자결은 "모든 국가의 모든 문제에 적용"하는 반면, 월슨은 "연합국 측의 속영지屬領地"는 "대상 외로 삼을 예정"이다. 강화회의는 미국의 주도가 예상되므로 "조선, 타이완이 직접 문제되지는 않는다". 그러나 민족자결은 "주의主義로서는 모두 이 원칙이 어떠한 방면에도 빠짐없이 적용될 것을 희망하고 기대하는 것이 오늘날 세계에 흐르는 사조의 대세"

이다. 그러므로 조선의 독립이 파리강화회의 논의 안건이 되지 않더라도 "민족 압박의 태도를 취하는 것은 결국 대세에 역행하는 것"이기에 "조속히 식민지 통치방침을 바꾸어야" 한다고 주장했다.[13]

신한청년당

신아동맹당 해산 후 상하이에 건너간 장덕수는 상하이를 근거지로 활동하고 있던 여운형呂運亨, 조동호趙東祜 등과 함께 1918년 여름 무렵부터 국제 정세를 논하기 시작했다. 제1차 세계대전 종전 후인 11월 26일, 찰스 크레인Charles Crane이 윌슨 대통령의 특사로 중국의 파리강화회의 참가를 촉구하기 위해 상하이에 도착했다. 이를 안 여운형은 크레인을 만나 조선의 대표 파견을 상의했고 어디까지나 크레인 개인 의견이기는 했지만 돕겠다는 답을 얻어내는 데 성공했다.

여운형은 11월 28일 장덕수, 조동호 등과 대책을 협의하고 신한청년당을 결성하여 김규식을 당 대표로 파리에 파견하기로 했다. 같은 무렵 미국에서도 이승만李承晩이 파리강화회의 참석을 준비했지만 실패했다. 김규식은 신한청년당뿐 아니라 조선 전체를 대표하여 1919년 2월 1일 상하이에서 파리로 떠났다.

조선 독립운동에 있어 굉장히 중요한 의미를 지니는 파리강화회의 대표 파견에는 혁명파 중국인들도 관여했다. 신아동맹당 단장이었던 황제민은 1917년에 중국으로 돌아가 이듬해 7월 상하이에서 창간된 반일 운동단체 구국단의 기관지인 《구국일보救國日報》편집자로 활동하고 있었다. 황제민은 신한청년당의 조동우를 《구국일보》기자로 고용하고 상하이 거주 조선인 활동가를 구국일보사에 초청하는 등 신아동맹당의 네트워크 유지에 힘썼다. 구국일보사의 교류를 통해 조동우 등 조선인 활동가들에게 국제 정세에 대한 정보가 전달되었으리라 짐작한다.

이 네트워크와 어떻게 관련되는지 알 수는 없으나 조선 대표 파견의 직접적 계기가 된 크레인을 여운형에게 소개한 사람은 중국의 외교관으로 파리강화회의에 참석하여 베르사유조약 조인을 거부한 왕정팅王正廷[14]이었다. 왕정팅은 신아동맹당 당원은 아니었지만 당의 활동 거점이었던 중화유일기독교청년회 설립을 준비했고 황제민과 마찬가지로 중국동맹회에 가입했던 인물이다.[15]

도쿄에서도 상하이에서도 조선의 독립운동은 혁명파 중국인들의 도움을 받으면서 진전했음을 알 수 있다.

2.8독립선언

신한청년당이 상하이에서 파리강화회의에 대표를 파견할 방안을 모색하고 있을 무렵 도쿄의 조선인 유학생들도 민족자결과 윌슨의 발언에 대해 논의를 거듭했다. 윌슨이 조선 독립을 위해 힘써주리라 기대하는 유학생이 있는 한편 비관적 인식을 지닌 자도 있었다. 예를 들어 도쿄고등사범학교에 다니던 서춘徐椿은 1918년 11월 학우회 모임에서 필리핀이 여전히 민족자결을 제창하는 미국의 식민지라는 사실을 근거로 미국이 조선을 무조건 독립시켜줄 리 없다고 주장했다. 서춘은 훗날 2.8독립선언에 서명하는데, 윌슨이 '연합국 측의 속영지'에 민족자결을 적용할 생각이 없다는 것을 이미 알고 있었음을 의미한다.

이처럼 모든 조선인 유학생이 파리강화회의에서 민족자결이 적용되리라 기대하지 않았으면서도 2.8독립선언을 준비했던 것은 미국과 상하이의 독립운동에 자극을 받았기 때문이다.

1918년 12월 아오야마가쿠인青山學院에 다니던 전영택은 일본에서 발행되던 영자신문 《더 재팬 애드버타이저(The Japan Advertiser)》에 실린 '재미 조선인(=이승만─인용자)'이 파리강화회의 참석을 준비 중이라는 기사를 발견했다. 또 1917년 말까지 와세다대학에서 유학 후 베이징으로 건너간 이광수가 1918년 말 도쿄로 돌아오면서 조선인 유학생은 상하이의 신한청년당이 파리에 대표를 파견할 예정임을 알게 되었다.

1919년 1월 6일 200명이 넘는 유학생들이 모여 학우회 회합을 했다. 이 자리에서 해외동포가 독립운동을 하는 이상 유학생도 구체적 운동을 개시해야 한다는 논의가 있었고 실행위원으로 최팔용, 김도연, 이종근李琮根, 송계백宋繼白, 최근우崔謹愚, 서춘, 전영택, 윤창석尹昌錫, 김상덕金尙德 등 10명이 선출되었다. 이후 병으로 활동하지 못하게 된 전영택을 제외한 9명의 실행위원에 김철수金喆壽와 이광수가 합류, 11명이 대표가 되어 '조선청년독립단'이 비밀리에 결성되었다.

조선청년독립단은 선언서를 세 가지 언어로 작성했다. 송계백은 독립운동 상황을 조선 내외에 알리기 위해 선언서를 지니고 조선으로 갔다. 이광수는 상하이로 이동하여 신한청년당에 합류, 선언서의 중국어판이 게재된 기관지 《신한청년》 편집을 맡았다. 일본에 남은 조선청년독립단 단원은 2월 8일 오후 학우회 예산총회를 연다는 명목으로 유학생을 재일조선YMCA 회관에 소집했다. 당연히 이 예산총회는 관헌의 경계를 피하기 위한 위장이었고 실제로는 최팔용이 선언서를 낭독했다.

이상과 같은 2.8독립선언의 경위를 바탕으로 서론에서 소개한 선언서의 내용을 다시 한번 살펴보자. 2.8독립선언의 직접적 계기는 파리강화회의 대표 파견이다. 주요 내용은 파리강화회의에서의 민족자결 적용을 요구하는 것이다. 그러나 선언서는 미국과 영국, 그리고 1920년에 발족할 국제연맹에 대한 기대를 표명하는 한편, 앞부분에서는 '세계 각국'을 향해 독립을 선언하고 있으며 이외에도 '세계'가 '정의'로써 '개조'된 것을 높이 평가하는 서술도 있다. 요컨대 조선이 파리강화회의에서 논의될 민족자결의 대상에서 제외될 것을 알고 있으면서도 '모든 국가의 모든 문제에 적용'될 보편적 권리로서의 민족자결을 요구한 것이다.

선언서에서는 '정의와 자유에 기반한 신新 국가'로서 중화민국과 혁명 후의 러시아(소비에트 러시아)를 높이 평가했다. 이는 혁명파 중국인의 도움을 받으며 볼셰비키가 제창한 민족자결을 촉구한 조선인 유학생의 독립운동을 상징하는 한 구절이라 할 수 있다.

4 일본사회에 대한 여파
_메신저로서의 조선인 유학생

일본 지식인과 교류하다

2월 8일 전에 일본을 출발한 조선청년독립단의 송계백이 선언서를 조선으로 가져온 것을 계기로 조선의 종교 지도자가 3.1독립운동을 준비하기 시작했다(3.1독립운동에 대해서는 본서 제3장 마쓰타니 논문 참조). 이 장에서는 시점을 그대로 일본에 두고 2.8독립선언이 일본 사회에 끼친 영향을 밝혀보고자 한다.[16]

2.8독립선언을 주도한 조선인 유학생 대부분은 경찰에 체포되었다. 체포를 피한 유학생 변희용卞熙瑢, 최승만崔承萬, 장인환張仁煥 등은 조선청년독립단 활동을 계속하여 2월 24일에 도쿄 히비야日比谷공원에

서 집회를 열었다. 이 집회를 주도한 변희용 등이 조선인 유학생과 일
본 지식인의 관계를 극적으로 바꾸어나갔다.

2.8독립선언 이전 조선인 유학생과 일본 지식인은 교류가 거의 없
다시피 했다. 물론 개인적인 교류, 일본인 기독교인과의 교류가 있기는
했으나 앞서 말했듯 조선인 유학생과 교류했던 일본인 기독교인은 어
디까지나 기독교를 매개로 한 '동포 의식'으로 조선인 유학생과 접촉했
기에 독립운동에 대한 이해나 관심은 거의 없었다고 해도 무방하다.
조선인 유학생의 반일 감정도 상당했기 때문에 그들이 먼저 일본 지
식인에게 적극적으로 다가가지도 않았다. 실제로 민족자결을 높이 평
가하고 1년여 전부터 3.1독립운동 발발을 예견했던 요시노 사쿠조조
차도 1918년에 조선인과 만난 기록은 드물다.[17]

그러나 1919년 2월 9일 이후 요시노 사쿠조는 거의 매달 조선인
유학생을 만났다. 그중 3월 19일 여명회黎明會 정기모임이 중요하다.

조선인 유학생이 2.8독립선언을 준비하던 무렵, 극히 일부이긴 하지
만 일본 지식인은 제1차 세계대전 후에는 세계적으로 평화와 민주주
의가 진척될 것이고 일본은 이러한 '세계의 대세'에 순응해야 한다고
생각하여 일본 사회의 '개조'를 주장하기 시작했다. 이러한 가운데 일
본 사회로부터 '세계의 대세에 역행하는 위험한, 완고하고 사리에 어
두운 사상을 박멸할 것'을 강령으로 내걸고 요시노 사쿠조를 중심으
로 오야마 이쿠호大山郁夫, 후쿠다 도쿠조福田德三 등 당대를 대표하는

쟁쟁한 진보적 지식인들이 총망라되어 1918년 12월, 사상 단체 여명회를 결성했다. 중심인물이 요시노 사쿠조였던 것으로도 알 수 있듯 여명회는 보편적 권리로서의 민족자결도 세계 '개조'의 하나로 간주하고 있었다. 여명회는 민족자결을 인정하지 않는 제국주의를 일본에서 불식시켜야 할, 세계 대세에 역행하는 위험한 사상의 하나로 인식했기 때문에 식민지 문제에 관심을 가졌다. 바로 이러한 상황에서 2.8독립선언과 3.1독립운동이 일어났으며, 여명회는 3월 19일 정기모임에 조선인 유학생을 초청했다.

모임에는 변희용, 최승만, 장인환 등 2월 24일 히비야공원 집회를 주도했던 조선인 유학생이 대표로 참가하였다. 이들은 조선인은 독립을 바라고 있고 조선인의 동화는 불가능하다는 의견을 피력했다. 이 모임의 의의는 컸다. 일본의 신문 보도로는 독립운동에 참여한 조선인의 생생한 목소리가 전해지지 않는 가운데 요시노 등 여명회 회원들이 독립운동에 관한 유학생들의 의견을 직접 들은 기회였다. 여명회는 6월 '조선 문제 연구'를 주제로 강연회를 개최하여 조선총독부의 통치 정책을 비판했다. 이때 조선인 유학생들이 다수 참가하여 박수로 화답했다.

일부 일본 지식인이 제국주의 불식을 일본 사회 '개조'의 일환으로 간주하고, 조선의 내셔널리즘에 이해를 보이고, 조선인 유학생들도 반일 감정보다 독립에 대한 열망을 알리는 것을 우선시하게 되면서 양자 간의 교류가 시작되었다.

조선인에 대한 양보의 움직임

여명회와는 다른 맥락에서 조선인 유학생과 접촉하는 일본인도 있었다. 이에 대해서는 타이완의 왕룩택王育德의 서술을 보자.

(3.1독립운동 후) 어느 날, 대일본평화협회(회장 사카타니 요시로阪谷芳郎 남작)가 타이완과 조선 유학생의 핵심 활동가들을 초대하여 간담회를 열었다. 일본은 조속히 두 식민지에 자치를 부여해야 한다는 일본인 측의 발언에 타이완 학생은 마치 자신들의 뜻이 받아들여졌다는 듯 기뻐했지만 조선 학생은 독립이 아니면 싫다며 자리를 박차고 퇴장했다는 에피소드가 있다. 타이완인이 기개가 없다기보다 쌍방의 역사적 배경의 차이로 봐야 할 것이다.

대일본평화협회는 기독교인 시부자와 에이치渋沢栄一 등 재계인, 사카타니 요시로 등 정계 관계자들로 구성된 단체이다. 이 단체도 3.1독립운동에 관심을 갖고 현지 조사도 했지만 조선인의 독립 요구에 대한 이해 없이 조선총독부의 무단통치에 대한 불만으로 3.1독립운동이 발발했다고 인식하고는 통치방식의 개선을 요구했다.[18]

얼마나 진지하게 생각했는지는 별개로, 대일본평화협회가 조선인 유학생에게 자치를 제안한 것은 일본의 지배에 대한 조선인의 불만을 완화해 대규모 독립운동의 재발을 막기 위해서였다. 여명회가 조선의 내셔널리즘에 대하여 이해를 보였다면 대일본평화협회는 조선인에게 양보를 보였다고 할 수 있다. 한편, 일본인 단체 간담회에 조선인 유학생이 참석한 사례를 통해 그들이 일본인에게 독립에 대한 열망을 알리는 것을 얼마나 중요시했는지 엿볼 수 있다.

조선인 유학생과 타이완인 유학생

대일본평화협회 간담회에는 타이완인 유학생도 참석하였다. 그들은 자치를 거부하고 독립을 요구하는 조선인 유학생과는 전혀 다른 반응을 보였다. 자치의 옳고 그름은 차치하고 조선인 유학생의 존재는 타이완인 유학생이 자치를 지향하는 하나의 배경이 되었다.

신아동맹당의 사례가 있긴 하지만, 유학생을 중심으로 하는 타이완 민족운동은 1918년 무렵부터 본격화하여 처음에는 내지인內地人·타이완인 차별 철폐, 곧 타이완인이 내지인과 동등한 권리를 얻기 위해 일본에 동화될 것을 지향했다. 그러다 차츰 동화가 아니라 문화적 정체성을 지키기 위한 자치 획득으로 바뀌었다. 그 이유는 타이완총독부에 따르면 3.1독립운동을 통해 타이완인 유학생들이 '타이완은 타이완인의 타이완'임을 자각했기 때문이다.

타이완 내에서 3.1독립운동에 관한 보도가 제한되었음을 감안한다

면(제4장 지쉬펑 논문 참조) 이러한 방향 전환에는 타이완 유학생들이
신아동맹당 이래 계속 교류하던 조선인 유학생들로부터 독립운동에
관한 정보를 전달받은 영향이 컸다고 생각된다. 근본적 방향성은 자치
와 독립으로 서로 달랐을지언정 1920년대에 들어서면 조선과 타이완
유학생들의 교류는 활발해진다.

재일조선인 운동의 작은 출발

변희용이 여명회의 정기모임에 출석한 3월 19일, 오사카大阪에서도
독립선언서를 배포하려는 움직임이 있었다. 며칠 전 변희용은 게이오
기주쿠慶應義塾대학 후배인 염상섭과 오사카에서 집회를 열고 선언서
를 배포할 계획을 논의했다. 염상섭은 오사카로 가서 3월 19일 덴노
지 공원에서 독립선언서를 배포하려 했다. 이 선언서는 '재오사카한국
노동자 일동' 명의로 작성되었고 배포 대상도 오사카의 조선인 노동자
들이었다. 이 점을 눈여겨봐야 한다.

일반적으로 '재일조선인'이란 일본에 정주하는, 또는 정주를 지향하
는 조선인을 말한다. 졸업 후 귀국이 예정되어 있던 유학생은 재일조
선인에 포함되지 않았고 그들의 독립운동 또한 일본 사회에서 살아갈
것을 택한 조선인 노동자들을 위한 운동은 아니었다. 어디까지나 일본
에서의 운동을 통해 조선의 독립을 쟁취하는, 일본지역에서의 독립운

동이었다.

1919년 당시 일본에 거주하는 조선인은 2만 명이 넘었고 그중에서도 오사카에 조선인 노동자가 가장 많이 살고 있었다. 염상섭은 이러한 상황에 착목하여 덴노지 공원에서 '재오사카한국노동자 일동' 명의의 선언서를 배포하고자 했다.

선언서에 조선인 노동자들이 처한 가혹한 노동환경에 대한 언급은 없었다. 염상섭 자신도 1920년에 조선으로 돌아가 소설가로서 활동했다. 재일조선인을 위한 운동이라는 점에서는 한계가 많지만 2.8독립선언 이후 유학생들의 운동이 재일조선인 운동으로 작은 변화를 일으켰다는 사실은 명백하다.

나가며

조선인 유학생의 독립운동을 개관하며, 3.1독립운동의 '도화선'이라는 평가만으로 수렴되지 않는 2.8독립선언에 관한 독자적 논점을 제시해보았다. 논점이라기보다는 과제라는 표현이 더 적절할지도 모른다.

예를 들어 조선인 유학생의 독립운동이 혁명파 중국인의 도움을 받았는가 하면, 3.1독립운동이 중국의 5.4운동에 영향을 끼쳤다는 평가도 있다. 이러한 점에서 5.4운동을 포함하여 중국 내셔널리즘의 관점에서 조선의 독립운동을 분석할 필요가 있다(제5장 오노데라 논문 참조). 마찬가지로 조선인 유학생의 독립운동이 타이완인 유학생에게 끼친 영향에 대해서도 타이완인 유학생의 관점에서 검토해야 한다(제4장 지쉬펑 논문 참조).

2.8독립선언이 일본 사회에 끼친 영향 중 하나로 조선인 유학생이 독립에 대한 열망을 일본인에게 전달하는 메신저 역할을 했음을 이 논문에서 밝혀냈다. 일본 지식인의 반응으로는 내셔널리즘에 대한 이해와 양보의 움직임이 있었다는 점을 논했다. 그러나 조선 헌병대의 '도화선'이라는 인식과 같이, 2.8독립선언은 지배 당국에 유학생의 위험성을 인식시키는 계기가 되면서 유학생에 대한 탄압과 회유가 강화되었다. 이러한 상황에서 조선인 유학생이 2.8독립선언 후 무엇을 생각하고 어떻게 행동했는지 해명하는 것 또한 중요한 과제이다(제2장 배영미 논문 참조).

기독교 문제에 대해, 이 논문에서는 신앙과 교양보다 독립운동을 추진하는 수단으로서 건물을 비롯한 시설을 활용했다는, 이른바 〈수단으로서의 기독교〉적 요소가 존재했음을 분석했다. 하지만 운동과 기독교의 교양 및 신앙과의 관련성에 대해서는 다루지 않았다. 이 점에 대해서는 2.8독립선언 이상으로 기독교의 영향을 찾을 수 있는 3.1독립운동을 포함하여 분석해야만 명백해지리라 생각한다(제3장 마쓰타니 논문 참조).

　남아 있는 과제는 많다. 이 과제들은 동아시아 차원에서 2.8독립선언을 논의해야 하는 의의와 가능성을 보여준다. 당연하겠지만 동아시아 차원에서 논의해야 할 주제가 2.8독립선언만은 아니다. 동아시아 제諸 민족의 연대 움직임은 제2차 세계대전 후, 아니 지금까지도 찾아볼 수 있는 현상이다. 이러한 의미에서 2.8독립선언이 동아시아 현대사 이해에 어떻게 기여할 수 있을지 고찰하는 것도 중요하다(제6장 정영환 논문 참조).

　이하, 이 책에서는 동아시아를 횡단하는 공간적 관점과 1919년부터 지금까지의 시간 축에서 이들 논점과 과제를 심화해가야 할 것이다.

참고문헌

小野容照,「ロシア革命と朝鮮独立運動: 現代韓国・北朝鮮の淵源」(宇山智彦 編『ロシア
    革命とソ連の世紀5巻越境する革命と民族』(岩波書店, 2017).

「第一次世界大戦の終結と朝鮮独立運動: 民族「自決」と民族「改造」」, 『人文学報』110,
    2017.

「第一次世界大戦の勃発と朝鮮独立運動: 対華二十一ヶ条要求をめぐる二つの戦略」,
    『東アジア近代史』18, 2015.

『朝鮮独立運動と東アジア 1910-1925』(思文閣出版, 2013).

長田彰文,『日本の朝鮮統治と国際関係: 朝鮮独立運動とアメリカ 1910-1925』(平凡
    社, 2005).

松尾尊兌,『民本主義と帝国主義』(みすず書房, 1998).

山室信一,『思想課題としてのアジア: 基軸・連鎖・投企』(岩波書店, 2001).

오노 야스테루 小野容照

1982년, 일본 요코하마시横濱市 출생. 조선근대사 전공. 현재 규슈대학 대학원 인
문과학연구원 준교수. 저서로 『朝鮮獨立運動と東アジア 1910~1925』(思文閣出
版, 2013), 『帝國日本と朝鮮野球: 憧憬とナショナリズムの隘路』(中央公論新社, 2017)
가, 공저로 『未完の獨立宣言: 2.8朝鮮獨立宣言から100年』(新教出版社, 2019), The
East Asian Dimension of the First World War: Global Entanglements
and Japan, China and Korea, 1914-1919(Frankfurt: Campus Verlag, 2020) 등
이 있다.

2.8독립선언 후의 조선인 유학생
_'동화'에서 '내선융화'에 대한 저항으로

배영미 裵姈美

들어가며

1919년 2월 8일 조선인 유학생은 도쿄에서 독립을 '선언'하고 독립의 요구가 받아들여지지 않는다면 '영원한 혈전血戰'을 불사하겠다는 '결의'를 했다. 2.8독립선언은 조선에서는 독립운동의 주역으로서 조선인 유학생의 역할과 그에 대한 기대를, 일본에서는 유학생 운동에 대한 경계를 강화하는 계기가 되었다. 1919년 2월 19일에 열린 일본 중의원 예산총회에서 중의원 사사키 쇼조佐々木正蔵가 유학생 운동을 어떻게 단속하고 있는지 질의하자 조선총독부 탁지부 장관 스즈키 시즈카鈴木穆는 2.8독립선언을 '실로 일대실태一大失態'라고 하면서 조선 본토에는 아무런 영향이 없다고 답했다.[19]

실제로 도쿄에서는 2월 말까지 집회가 열리는 등 운동이 계속되었다. 조선에서 3.1독립운동이 일어나자 유학생은 동맹휴학을 감행하고 조선으로 돌아가거나 해외 조선인들과 연계하면서 운동을 계속했다. 5월 15일까지 359명의 유학생이 조선으로 돌아갔는데, 당시 도쿄 유학생의 절반을 넘는 수였다. 4월 11일 중국 상하이에 수립된 대한민국임시정부에 합류한 유학생은 23명이나 되었다.[20]

2.8독립선언은 실제로 '아무런 영향이 없'기는커녕, 3.1독립운동뿐 아니라 이후의 독립운동으로 이어졌다. 2.8독립선언과 3.1독립운동의 경험은 유학생들의 현실 인식과 운동 방식에도 변화를 불러와 가장

역동적으로 전개된 1920년대 재일조선인 운동의 기반을 마련했다. 한 편 조선총독부와 일본의 치안 당국은 제2의 독립선언을 막기 위해 유학생에 대한 단속과 관리체제 정비에 착수했다.

이 글에서는 2.8독립선언 이후 1920년대 중반까지 유학생들의 현실 인식과 운동, 단속 및 관리체제 등 그들을 둘러싼 상황이 어떻게 변화해갔는지에 대해 현실 인식의 변화, '내선융화內鮮融和'[21]와의 싸움, 관리체제 정비로 나누어 검토하고자 한다.

1 유학생의 현실 인식 변화

1910년대 일본 식민지가 된 조선에서는 조선총독부의 폭력적 지배(=무단통치)와 차별을 전제로 한 동화정책이 펼쳐졌다. 같은 시기 한반도 바깥에서는 제1차 세계대전, 일본의 대 중국 21개 조 요구와 이에 대한 중국인들의 반대 운동, 러시아혁명, 시베리아 파병과 쌀 소동, 1차 세계 대전의 종결과 파리강화회의로 이어지는 큰 격동이 벌어지고 있었다.

특히 미국의 윌슨 대통령이 주창한 민족자결주의는 많은 피식민지 및 약소 민족에게 독립·자립의 꿈을 갖게 했다. 실제로 1918년 말부터 파리강화회의 개최 시기까지 폴란드, 체코슬로바키아, 헝가리가 독립하거나 신新 정부를 수립했다. 1917년 10월에는 뉴욕에서 25개국

민족대표가 참석한 '약소민족동맹회의'가 열렸고 파리강화회의에서의 약소 민족 대표의 발언권을 요구했다. 조선에서는 재미 조선인의 독립운동 단체인 대한인국민회의 하와이지방총회 대표로 박용만朴容萬이 참석했다. 이듬해 1918년 12월에 열린 제2회 회의에서는 파리강화회의에서의 민족자결주의 적용과 신설될 국제연맹에 약소국의 참여를 요구하는 결의안이 채택되었다. 이때 정한경鄭翰景, 민찬호閔贊鎬가 조선인 대표로 참석하여 윌슨 대통령과 미 상원에 독립청원서를 제출했다.[22]

이러한 움직임에 힘입어 2.8독립선언과 3.1독립운동이 일어난 것인데 국제회의에서 조선의 독립이 논의될 여지는 없었고 조선인의 염원은 이루어지지 않았다. 이 결과를 유학생들이 어떻게 받아들였을까? 좌절하고 독립에 대한 꿈을 포기했을까, 아니면 다른 길이나 다음 단계를 모색했을까? 간접적이기는 하나 그들의 세계관과 민중에 대한 시선이 어떻게 바뀌었는지 고찰함으로써 이 물음에 대한 답을 찾아보고자 한다.

세계관의 변화

제1차 세계대전 중 도쿄의 유학생 조직인 학우회 기관지 《학지광》 지면에서 우승열패優勝劣敗, 약육강식弱肉强食, 전쟁을 민족의 발전에 필

수 불가결한 하나의 관문으로서 긍정적·필연적으로 받아들이는 인식을 찾아볼 수 있다. 예를 들어 각 민족이 "자립자존自立自存의 기운"을 높이면 전쟁을 면하기 어렵고 세계대전까지 일으키기도 하지만, 이때 전쟁은 "문명 전파의 원동력"이자 "민족에 대한 신의 시험이오, 신의 경제"라고 보았다.[23] 그리고 "경제적 경쟁 장리場裡에 실패한 자는 그가 개인이면 사회의 탈락자요, 그가 민족이면 민족적 경쟁의 실패자로 멸망을 면치 못하리로다. 우승열패는 무정한 철칙이요 자연도태는 인력으로 어찌하지 못할 생물계의 대세"라며, 약자의 탈락, 도태는 당연하다는 인식을 드러내고 있다.[24] 그러나 장기화하는 전쟁과 그 참화, 서양 열강의 폭력은 유학생에게 정의와 인도를 가장하던 서양 중심의 세계관과 현대문명에 대해 회의를 갖게 했다.[25]

전쟁이 끝나고 파리강화회의에 걸었던 기대가 좌절된 후 유학생들의 세계관이 어떻게 변했는지 그들의 글을 통해 살펴보자.

우선《학지광》에 실린 세 문장을 소개하겠다.

① 처음에는 미국 대통령 윌슨 씨의 14개 조 선언을 들을 때 벌써 세계 개조의 대사업大事業이 거의 다 된 줄로 생각하는 낙관자도 없지 않았다. 그리하였으나 파리강화회의의 진척에 따라서 너무 달게 기대하던 낙관자들은 한번 거의 낙망하게 되었다. 정의니, 인도니 하지만은 이것이 다 자국의 이익을 본위로 한 가장적假裝的

외교적 사령辭令에 지나지 못한다, 하고 냉소한 사람도 있었다. (중략) 이 전쟁이 끝나면 일시적 평화 시대가 왔다가 또다시 전쟁 시대가 올 것은 분명한 일이다. (중략) 도리어 군국주의적 언론을 하게 된 사람도 있었다.[26]

② 무엇으로 야만이라 말하며 무엇으로 문명인이라 말하는지⋯. (중략) 가령 살인강도로 야만이라 할진대 그 군대를 장구長驅하여 다른 주권을 침해하며 이민족을 학살하여 향상을 저해하고 발전을 차단하여 내적 외적으로 살육이 이르지 않은 곳이 없으니 이것이 소위 문명인이 행한바 정의며 공도公道인가. 나는 문명인 야만인의 구별은 단지 살인기殺人機의 발달 여하와 강도술強奪術의 진보 여하에 있고 결코 다른 곳에 없다 단언하노라. 만일 살인강도로 야만이라 할진대 소위 문명인은 야만 중 대야만大野蠻이라 함이 이理에 합당치 않은가? (중략) 인류 사회는 선악이 없으며 문명과 야만인이 없고 다만 자유가 있고 평등이 있는 대자연의 세계라 하노라.[27]

③ 금일에 우리가 지금껏 가지고 오던 모든 전통과 제도와 도덕과 문명에 의심을 품게 되었다. 보다 더 그것들에 대하여 불평불만을 가지고 어떠한 새로운 방향과 진로를 취하려고 노력하게 되었

다. 그러므로 혹은 세계주의를 선전하고 혹은 사회공산주의를 주장하고 혹은 남녀평등을 부르짖어 갑창을규甲唱乙叫에 요란하게 떠드는 것이다. 실로 금일처럼 인류가 불평불만을 많이 가지는 때는 없을 것이고 그만큼 활동이 맹렬할 때는 없을 것이다. 이 맹렬한 활동은 반드시 인류로 하여금 장족의 진보 향상을 가져올 것이다. (중략) 우리는 정치적으로, 사회적으로, 지식 방면으로, 산업 방면으로 모든 현상에 앞으로 철저히 불평불만을 가지고 철저한 분투와 노력과 활동을 할지어다.[28]

2.8독립선언 때 작성 배포된 '선언서'에는, '세계 개조'의 주역인 미국과 영국은 일본의 조선 보호국화·식민지화를 솔선하여 승인한 '구악舊惡'을 뉘우칠 의무가 있고 국제연맹이 실현된다면 군국주의적 침략을 감행하는 강국強國은 없어질 것이라고 적혀 있다. 국제연맹과 미국, 영국에 대한 기대와 희망이 담겨 있었다. 그러다가 위 ①의 글과 같이 서구 열강이 말하는 정의와 인도는 외교적 언사에 불과하고 자국의 이익만을 우선한 나머지 전쟁이 계속 되풀이된다고 하며 그때까지의 기대와 희망이 실망과 비판으로 바뀌었다. 글 ②는 열강은, 문명·우수한 자[優者]·강자와 야만·열등자[劣者]·약자弱者를 대치시킨다. 또 전자인 자신을 선, 후자인 약소 민족·국가를 악으로 구분하는데, 열강이 뛰어난 것은 다른 민족과 국가를 망가뜨릴 군사력밖에 없음을 비판하

고 자유와 평등을 호소했다. 미국, 영국 중심의 세계질서에 대한 비판적 인식은 훗날 워싱턴회의(1921년 11월~1922년 2월) 때 전개된 제2의 독립선언 및 청원 운동 실패로 인해 더욱 강고해졌다.[29]

한편 비판이나 낙담에서 한 발 나아가 유학생들이 새로이 기대를 걸게 된 것이 있다. 글 ③에 적혀 있듯 정치·경제·사회 등 다양한 분야에서 종래의 모순이나 문제를 극복하고자 하는 '분투와 노력', 곧 정치·사회 운동이다. 여태 없었던 '맹렬한 활동', 다양한 민족·사회 운동이 벌어지고 있는 오늘날 세계에 보조를 맞춰 조선도 과거를 넘어 새로운 미래를 열어나가고자 하는 투지가 느껴진다. 조선은 정의와 자유, 민주주의에 기반한 새로운 국가가 건설된다면 반드시 세계평화와 인류 문화에 공헌할 수 있고 그러하기에 독립을 해야 한다고 주장한 2.8독립선언서의 문맥과도 일맥상통한다. 유학생들에게 이러한 전향적 글을 쓰게 한 것은 무엇보다 나라의 주권을 빼앗긴 식민지 약소 민족 조선 민중들의 3.1독립운동이었다.

3.1독립운동은 5월까지 지속되면서 일본·중국·러시아·미국 각지로 퍼져나갔고 집회 수는 1,798 차례에 이르렀다.[30] 그동안 학생들은 동맹휴교, 상인과 노동자들은 동맹파업, 농민은 농사일을 중단하고 집회에 참가하는 등 각계각층의 조선인들이 운동의 주역으로 독립을 외쳤다. 이러한 경험은 조선 민족으로서의 자각과 자긍심 고양으로 이어졌고 계급·계층 의식의 발견으로도 연결되었다. 1920년대 대 격동의

시대는 조선에도 찾아와 식민지 지배라는 제약은 있었지만 노동자·
농민·학생 운동 등 실로 다양한 정치·사회·문화 운동이 전개되었다.
조선과 조선 민중에 대한 유학생들의 인식 또한 바뀌어갔다.

민중의 발견과 노동자와의 연대

《학지광》에서 볼 수 있는 유학생들의 조선 및 조선 문화에 대한 인
식은 남존여비나 양반 중심의 신분제도, 조상숭배, 상공업 경시, 유교
문화 등 '구습舊習'에 대한 비판이 대부분이었다.[31] 그러다 1916년 무
렵부터 조선인으로서의 자긍심을 갖고 자랑스러운 전통에 걸맞은 미
래를 만들어가자는 의지가 엿보이는 글이 늘어난다.[32] 비판받아 마
땅한 유교적 '구습'은 '후천적' 폐해이고 원래 조선 문화의 '본원本源'
은 훌륭하다는 논조이다.[33] 조선 고유의 전통문화를 유교적 '구습'과
분리하여 전자로부터 새로운 가능성을 발견하고자 하는 인식은 이후
2.8독립선언서를 기초起草하는 이광수의 〈우리의 이상理想〉(14호)에
뚜렷이 드러난다. 세계대전에 대해 "현대문명의 결함을 폭로한 것으로
이 전란이 끝나면 시대 문명에는 대혼란, 대개혁이 생기"고 서양은 더
이상 "문화적 종주권"을 가질 수 없게 되리라고 기록하고 있다. 바로
지금이 동양인, 그중에서도 아름다운 자연과 역사를 지닌 조선인에게
"세계문화의 역사상 일대 활약"할 수 있는 "절호"의 기회라고 본 것이

다. 3.1독립운동 이후 조선을 비롯한 세계 각지에서 전개된 노동자·농민·여성 등 민중운동을 보고 듣는 가운데 유학생들은 운동의 주역으로서 민중을 발견하기에 이른다.

중등 이상의 교육, 특히 유학은 경제력이 있는 소수 엘리트만이 가능했던 시대에 유학생들은 장차 조선을 짊어질 리더로서 강한 책임과 사명을 갖는 한편 민중은 수동적 존재, 계몽이나 지도의 대상으로 간주했다. 이러한 일종의 '우민관愚民觀'은 "민중은 무지한 존재로 장래를 예상할 판단력이 없어 만일 소수의 선구자가 바른길로 인도하더라도 도저히 짧은 세월에는 이를 알아차리지 못한다. (중략) 좋지 않은 인습과 전통의 거품 속에서 허우적거리고 있다"라고, 박석윤朴錫胤의 〈자기自己의 개조改造〉(20호)에 노골적으로 드러나 있다. 이러한 '우민관'의 전환을 알 수 있는 글을 아래 소개하겠다.

① 세계대전의 교훈은 막대하다. 예전에는 세계 개조라 하는 문제는 소수 선구자의 문제에 지나지 않았다. 소수 식자識者의 탁상공론에 지나지 않았다. 그러하였지만 지금 우리가 살아온 세계는 근본적으로 두드려 부수고 새로운 세계를 만들지 않으면 안 되겠다는 것이 일반 민중에게 심각히 인식되게 되었다.[34]

② 먼저 우리는 자기를 개조하지 않으면 안 되겠다. 이기적의 반

대인 이타적·공공적으로, 개인의 반대인 단체적·사회적으로, 또한 우리는 장구한 역사를 자랑하는 것보다, 화려한 강산을 자랑하는 것보다 먼저 우리의 민중을 자랑하여야 하겠다.[35]

이외에도 글 ①의 필자이자 학우회 회장이었던 김준연은 〈여행잡감旅行雜感〉(19호, 1920년 1월)에서 일반 민중이 "각성"하여 "세계 개조를 주창하고 지구의 전 표면상에는 여명의 빛이 투사하려" 한다고 썼다. 그리고 전영택은 〈범인凡人의 감상感想〉(20호)에서 일부 소수자의 외침에 지나지 않았던 운동이 지금은 "민중의 자각으로 되는 것을 보건대 아무래도 전인류가 공통적 이상을 두고 여러 천 년 동안을 노력해오던 효과가 생겨 그것이 실현될 기운이 있어서 마침내 이상적 신세계가 온 듯싶다"라고 말했다. 이렇듯 '개조', 곧 모든 개혁·변혁 운동의 주체로서의 민중, '자랑스러운' 민중에 주목하는 문장은 적지 않다.

민중에 대한 이러한 인식의 변화는 일본에서의 유학 생활과도 연관된다. 1919년 이후 일본 유학 및 도항 규제가 완화되자 많은 학생과 노동자들이 일본으로 건너갔다. 1919년과 1922년을 비교해보면 노동자는 2배 이상, 유학생은 5배 이상으로 늘었다. 유학생 중에는 학비와 생활비를 마련하고자 아르바이트를 하면서 학교에 다니는 고학생(반半노동자)도 많아 학생과 노동자의 거리가 가까워졌다. 노동자가 더 이상 유학생의 '타자'가 아니라 '자아'의 일부가 된 것이다. 이러한 때에 일어난 나카쓰카와中津川 조선인노동자학살사건은 조선인 노동자의 단결, 노동자와 유학생의 연계, 조선인 노동자와 일본인 노동자 간의 연대를 촉진했다.

이 사건은 1922년 니가타현新潟縣 나카쓰카와 상류의 수력발전소 공사 현장에서 일하던 조선인 노동자 약 600명 중 적어도 12명이 열악한 노동환경, 가혹한 중노동, 민족차별 등으로 인해 사망 또는 부상한 사건이다. 7월 말 '학살 시체'라고 표제를 뽑은《요미우리신문読売新聞》기사로 그 참상이 알려지자 조선인들은 도쿄와 서울 간에 신속하고 긴밀히 연계하여 조사단을 꾸렸다. 조사단은 현지 조사를 하고 진상규명 및 책임 추궁, 재발 방지를 요구하는 집회를 열었다. 건설사와 치안 당국의 진상 은폐 및 항의 활동에 대한 탄압으로 운동은 어려움을 겪었지만, 도쿄에서 열린 항의 집회에 3,000여 명이 모이는 등 일본에도 큰 파문을 불러일으켰다. 그 결과 도쿄의 조선노동동맹회(같은 해 11월)를 비롯한 조선인 노동자의 조직화가 진전되었다. 일본의 사회주의자·노동운동가들도 이 사건을 열악한 노동 및 생활환경, 노동착취 등의 심각한 노동문제로 받아들이며 큰 관심을 보였다. 같은 사건을 두고 식민 지배 문제에 그 핵심이 있다고 인식한 조선인과 노동문제의 하나로 간주하는 일본인 간에는 확실한 온도 차가 있었다. 그러나 조선인과 일본인 노동자 간의 연대가 촉진되는 계기가 되었고[36] 움직임의 선두에 유학생들이 섰다.

2 '내선융화'와의 싸움

3.1독립운동 이후 조선총독부의 조선 통치방침은 조선인에게 일본인이 될 것을 강요하는 일방적 '동화同化'에서, 덜 강제적이고 쌍방적 뉘앙스를 풍기는 '융화融化'로 바뀌었다. '융화'는 '동화'를 기조로 하면서도 차별대우 완화 및 독립운동에 대한 대책으로 조선인 엘리트의 회유·포섭을 중시했다. 그 일환으로 2.8독립선언의 주역이자 젊은 엘리트인 유학생들에 대해서도 '내선융화' 슬로건 아래 통제를 강화하면서도 지원을 하는 등 다양한 대책을 마련하게 되었다.[37]

일본인의 '내선융화' 사업과 유학생의 저항

조선총독부의 새로운 유학생 대책은 일본 각계 유지들에게 유학생 지원사업을 독려한 것으로 시작되었다. 1919년 11월 조선총독부 정무총감 미즈노 렌타로水野錬太郎는 도쿄에서 유학생 문제 해결을 위한 간담회를 열었다. 그 자리에서 2.8독립선언의 무대이자 독립운동의 거점이 된 재일조선YMCA 회관에서 유학생이 기거하는 것을 금하고 유학생을 지원하는 유지에게는 조선총독부가 '상당한 원조'를 하겠다고 약속했다. 일본의 한복판에서 독립운동을 일으킨 유학생을 1910년대에 유학생 감독을 맡았던 헌병 대위와 경찰에게만 맡겨서는 더 이상 감

당할 수 없기에 보다 넓은 범위에서 관리·통제할 필요를 느낀 것이다.

조선총독부의 이러한 의사를 받아 일본 각계는 '내선융화'를 내건 지원단체 향학회向學會, 보인회輔仁會, 일본조합교회의 조선·조선여자학생회, 불교조선협회 등을 만들었다. 이들 단체의 주요 사업은 기숙사 운영이었다. 당시 도쿄에서는 조선인에 대한 민족차별이 공공연히 자행되고 있었고 '조선인 사절'이라고 써 붙인 하숙집도 적지 않았다. 집값 마련이 어려웠던 유학생, 특히 고학생들은 민족차별 때문에 방 구하기가 더욱 어려웠다. 기숙사 사업은 이러한 현실적 문제 해결을 위해서 시행되었다.

2.8독립선언과 직접 관련되는 이유도 있다. 당시 도쿄의 고지마치구麴町區 나카中 6번지에는 1905년 일본이 대한제국의 외교권을 박탈할 때까지 주일한국공사관이었던 건물이 있었는데 공사관 폐쇄 후 유학생 감독부가 관리하는 기숙사로 사용되고 있었다. 2.8독립선언 때 유학생 감독이 운동에 참여했다는 이유로 3명의 기숙사생을 퇴사시키자 51명의 기숙사생이 퇴사 조치에 항의하여 동맹 퇴사를 감행했다.[38] 기숙사는 관리하는 측에게는 일상생활 전반을 통제할 수 있는 곳이었으나 유학생들에게는 값싼 주거 공간이자 집단적 공동 생활·행동이 가능한 '아지트'와 같은 곳이기도 했다. 기숙사는 조선총독부와 유학생, 쌍방의 수요가 합치하는 곳이었지만 그 공간에 기대하는 역할과 의미가 완전히 달랐기에 대립은 필연적으로 일어날 수밖에 없었다.

일본인 지원단체가 만든 기숙사는 처음에는 주거 공간 확보를 원하는 유학생들에게 환영받았다. 그러나 지원의 본질적 의도가 조선총독부의 통치방침인 '내선융화'였고 각 단체와 조선총독부와의 직·간접적 관계, 기숙사 관리자의 고압적·차별적 태도 및 운영 실태失態에 대해 기숙사생들은 집단퇴사 등으로 항의하였다. 이 여파로 20년대 중반에 이르면 대부분 기숙사가 자취를 감추고 단체도 유명무실해진다.

유학생들이 직접 자신들의 기숙사를 세우려는 시도도 있었다. 고학생 단체 형설회螢雪會가 조선과 일본의 단체 및 개인의 지원을 얻어 1923년 6월 기숙사를 완공했다. 그런데 지원해준 일본의 단체나 개인들이 형설회 기숙사를 '내선융화'의 상징이자 성공사례로 선전했고 유학생들은 이에 항의하여 어렵사리 건립한 자신들의 기숙사에서 동맹퇴사했다. 이로써 '내선융화' 명목으로 일본인이 건립에 관여한 기숙사는 모두 사라졌다.

위 사례는 유학생들이 주거 확보의 필요성보다 자신들에 대한 지원이 '내선융화'에 이용되고 결국 독립운동 무력화와 유학생 포섭으로 이어지는 것에 대한 거부감이 훨씬 컸음을 보여준다. 그런데 유학생들이 싸워야 할 대상이 일본인만은 아니었다.

조선인 '내선융화' 사업과의 싸움

3.1독립운동 이후 조선인의 정치운동은 조선총독부의 지원을 얻어 본격화되었다. 자치 및 참정권 청원 운동이다. 둘 다 일본의 식민 지배가 계속되는 것을 전제로 했지만, 전자는 자치, 곧 조선 내정의 독자화를 꾀하고 조선인이 조선 사회에서 정치·경제적 영향력을 확보하는 것을, 후자는 일본과 조선을 완전히 통합하여 선거를 통해 조선인이 제국의회에 진출하는 것을 요구하는 운동이었다.

기숙사에서 퇴사하면서까지 '내선융화'에 저항하던 유학생에게 자치나 참정권 청원 운동은 조선총독부의 '내선융화'에 영합하는 조선인 부르주아지의 친일 정치운동으로 비쳤다. 1921년 2월 유학생 양근환梁槿煥이 참정권 청원을 위해 도쿄를 방문한 국민협회 회장 민원식閔元植을 살해했을 때 많은 유학생들이 법정 투쟁을 펼치거나 양근환의 가족 돕기에 앞장섰다.

1924년 1월 조선에서 발행되던 대표적 조선인 신문 《동아일보》에 이광수의 사설 〈민족적 경륜民族的經綸〉이 연재되었을 때 이 글이 타협적 자치를 주장한다는 이유로 동아일보 불매운동이 조선 전역으로 퍼져나갔다. 일본에서도 학우회가 조선여자학흥회, 조선교육연구회, 북성회北星會, 도쿄조선노동동맹회, 형설회, 평문사平文社, 조선무산청년회, 오사카조선노동동맹회, 전진사前進社 등 재일조선인 각 단체 공동

명의로 항의문을 발표하고 반대 운동을 전개했다. 문제의 사설이 비타협적 운동을 조롱하고 '굴종적 타협 운동'을 주장하여 '교언영사巧言伶辭와 애매모호한 문자 유희로 민중을 기만'한다는 것이 반대 이유였다.

일본에서 노골적으로 '내선융화'를 내걸고 활동하는 조선인 단체도 있었다. 당시 재일조선인 최대 친일 단체인 상애회相愛會이다. 상애회는 1921년 2월 이기동李起東, 박춘금朴春琴 등이 조선인 노동자의 '구제유도救濟誘導'를 목적으로 설립한 단체로, 조선총독부와 일본의 정치·행정·경찰·언론·재계로부터 든든한 지원을 받고 활동했다. 상애회가 말하는 '구제유도'는 조선인의 '민족적 감정'을 부정하고 각종 노동·사회운동을 방해하고 '내선융화'를 꾀하는 것이었다.[39] 노동자와 유학생에게 일자리를 소개하고 숙소를 제공하는 등 사업도 했지만, 친일적 성격으로 인해 조선인 노동자의 노동쟁의 '중재仲裁'라 칭하는, 실제로는 회사나 치안 당국 편에 서서 폭력을 행사하거나 관동대지진 이후 도시 복구 작업에 조선인 노동자를 동원해서 이익을 취하는 등 '반민족적 사기극'[40]을 되풀이했다. 유학생과 노동자, 운동단체는 상애회와 폭행 사태를 일으킬 정도로 격렬하게 대립했다.

2.8독립선언, 3.1독립운동을 경험하고 규모도 조직력[41]도 확대되고 있던 유학생들에게 '내선융화'는 도무지 받아들이기 어려웠다. 특히 조선인들이 '내선융화'에 영합하는 것은 '친일·융화 장사',[42] '기생충'[43]

으로 비난받았다. 같은 조선인이었기에 저항과 대립이 더욱 심했으리라 짐작된다.

'융화'의 사전적 의미는 '서로 어울려 갈등 없이 화목하게 됨'이다. 그렇다면 '내선융화'는 조선과 일본이 서로 갈등 없이 화목해지고자 하는 것인데 적어도 이 시기 조선인 유학생과 일본은 융화는커녕 대립만 깊어진 것으로 보인다. '융화'는 보다 원활한 식민 지배를 위한 것이었고 통제·탄압과 한 세트로서만 성립될 수 있는, 본질적 모순에서 비롯되었기에 어떤 의미에서는 당연한 귀결이었다.[44]

3 유학생 관리체제의 정비

2.8독립선언 이후에도 계속되는 유학생들의 '실태失態'에 조선총독부도, 일본의 치안 당국도 대책 마련을 서둘렀다. 관련 제도의 개편 또는 신설이 급속하고도 면밀하게 진행되었다.

조선총독부 유학생 감독체제의 변화

1919년까지 조선총독부는 앞서 말한 주일한국공사관에 유학생 감독부를 설치하고 육군 헌병 대위 아라키 스테사쿠荒木捨作를 유학생 감독에 임명하여 유학생과 기숙사생을 관리하게 했다. 무단통치의 상징이라고 할 수 있는, 헌병이 감독하는 기숙사와 그의 관리를 유학생이 받아들였을 리는 없었고 감독도 기숙사도 멀리했다.[45] 2.8독립선언 때는 기숙사생 대부분 동맹 퇴사를 감행했다. 그것도 출신학교부터 유학할 학교 및 전공 선택, 졸업 후 조선총독부가 지정하는 곳에서의 봉직奉職 의무까지 세세히 정해져 있었고, 사비 유학생보다 제약이 컸던 관비 유학생(조선총독부 장학생)들이 말이다.

이러한 상황에서 1920년 4월 조선총독부는 원래 타이완 유학생 감독업무를 맡아 하던 동양협회東洋協會로 조선인 유학생 감독업무를 이관했다.[46] 동양협회는 이미지 쇄신을 위해 감독을 독학부장督學部長으로 바꾸고 기숙사에는 금강동金剛洞이라는 이름을 붙였다. 유학생들도 점차 돌아와 기숙사는 다시 기능하기 시작했다. 그러나 1923년 조선총독부와 동양협회는 기숙사생과의 다툼을 구실삼아 기숙사 폐쇄와 토지 매각, 기숙사 확대 이전 계획을 세웠다. 다툼이란 동양협회 독학부가 평소 고학생에게 '갖은 압박'을 가하고 빈방이 있어도 고학생의 입사를 거부한 것이 원인이 되어 1922년 봄 60여 명의 고학생이 '피터지는 소동'을 벌인 것을 말한다. 그러나 폐쇄·매각·확대·이전 계획은 일본의 의회가 해산되면서 예산 확보에 실패하여 성사되지 못했다.[47]

이듬해 1924년 기숙사생들이 민족차별, 고압적 태도, 공금의 부정

이용 등을 이유로 사감을 겸하던 독학부장을 불신임하고 사퇴시키는 사건이 일어났다.[48] 이 일을 계기로 조선총독부는 같은 해 말 동양협회의 감독업무 위탁을 해제하고 1925년부터 조선총독부 학무국의 외곽 단체인 조선교육회 장학부(조선장학회 전신)에 감독업무를 맡겼다.[49] 같은 해 결국 금강동 기숙사는 폐쇄되었다. 기숙사생들은 생활공간을 빼앗겼을 뿐 아니라 도쿄에 남아 있던 조선의 역사적 건조물인 주일한국공사관이 매각된다는 사실에 강하게 반대했으나 기숙사가 폐쇄되면서 1인 30엔의 퇴사료를 받고 쫓겨나고 말았다. 일본 내 유일한 공식 조선인 유학생 기숙사가 사라진 것이다. 계획대로 기숙사가 확대, 이전한 흔적은 찾아볼 수 없다.[50]

　2.8독립선언 이후 시행착오를 되풀이하던 조선총독부의 유학생 감독체제는 조선교육회가 맡았다. 학업에 대해서는 조선교육회 장학부가 관리·감독했다. 현황 파악과 보고, 입학·졸업·전학·주거에 관한 지원 등 유학생에 관한 실무를 조선교육회가 담당하는 것은 당연할 수 있으나 이는 아래와 같은 치안 당국의 단속 체제 재정비와 동전의 양면을 이루었다.

일본 치안 당국의 단속 체제 정비

　유학생 등 재일조선인을 대상으로 한 단속 체제가 이 시기에 처음

만들어진 것은 아니다. 1910년 대역사건 이후 사회주의자를 대상으로 한 '특별요시찰인시찰내규特別要視察人視察内規'(1911년 경내훈警内訓 제3호)로 재일조선인도 '특별시찰' 대상에 포함되었다. 재일조선인만을 대상으로 한 것으로는 '내지재류조선인 취체방법의 건内地在留朝鮮人取締方法ノ件'(1914년 3월 20일, 경비발警秘發 제55호), '조선인취체에 관한 건 의명통첩朝鮮人取締ニ関スル件 依命通牒'(1915년 8월 18일, 내무성비内務省秘 제1641호), '조선인시찰 · 취체에 관한 건 의명통첩朝鮮人視察 · 取締ニ関スル件 依命通牒'(1916년 1월 6일, 내무성갑비内務省甲秘 제2565호) 등 필요할 때마다 훈령이나 통첩이 발표, 시행되었다.[51]

1916년 7월 1일 전년도 다이쇼大正 천황 즉위식 때의 경계 태세 강화를 배경으로 재일조선인에 대한 체계적 시찰 규정이 만들어졌다. 내무성 훈령 제618호 '요시찰조선인시찰내규要視察朝鮮人視察内規'이다. 16조로 구성된 이 내규에는 제1조에서 '요시찰조선인'을 정의하고 아래와 같이 구분 짓고 있다. '갑호甲號'는 ① 배일排日사상의 신념이 두텁거나 배일사상을 지닌 자에게 영향력 있는 자 ② 배일사상을 선전 · 선동하는 자 ③ 폭발물 등 취급 가능한 자 ④ 조선이나 외국 재류在留 동지와 빈번히 연락하는 자 ⑤ 위험한 행동에 나설 우려가 있는 자 또는 과격한 언동을 하는 자 ⑥ 특별히 엄밀한 시찰을 요하는 자로, '을호乙號'는 ① 배일사상을 지녔거나 그렇다고 의심이 가는 자로서 갑호에 해당하지 않는 자 ② 평소 생활 습관상 배일사상에 '감염'될 경향이 있는 자로 규정하고 있다. 제14조에는 유학생 및 종교인의 경우에는 갑호, 을호에 해당하지 않더라도 항상 그 동정에 주의해야 한다고 명기되어 있다.[52]

이로써 내무성 경보국 보안과가 조선총독부 및 일본 각 지역에서 정보를 받아 재일조선인 중심인물 및 단체의 동향을 시찰·기록하는 「조선인개황朝鮮人概況」을 작성하게 되었다. 조선총독부와 일본 경찰은 재일조선인 단속에 협력 관계를 유지하고 있었는데 1919년 이후 그 관계는 한층 긴밀해졌고, 2.8독립선언의 주역인 유학생에게는 특별한 주의를 기울였다.

1919년 5월 내무성은 각 지방관청에 유학생 개개인에 대해 신분, 연령, 원적原籍, 출생지, 성격, 경력, 주의·당파 계통, 주소, 직업, 자산, 용모 특징, 종교, 학비 출처, 학교명 및 학과, 세력 및 신용 정도, 가족과 가족의 직업, 주요 교제자交際者, 유학 후 동정 등을 조사하여 기록·보고하도록 정한 '재류조선인학생명부조제에 관한 통첩在留朝鮮人學生名簿調劑ニ関スル通牒'(경보국장 경보발警保發 제56호)을 내렸다. 1921년 2월에는 '조선인 학생에 관한 조선총독부와의 호보에 관한 건朝鮮人學生ニ関スル朝鮮總督府トノ互報ニ関スル件'(경보국장 경보각警保閣 제169호)으로 관계 각 부처가 더욱 원활하게 유학생 동정을 파악하여 공유할 수 있는 체제를 갖추었다. 그때까지는 조선총독부가 관련 정보를 모으고 나서 일본 및 조선의 관계 각 부서 또는 지방 행정 기구에 전달했다. 그런데

'요시찰' 유학생이 많아져 보다 더 신속하고 상세히 동향을 파악해야 하니 유학생 관련 정보는 조선총독부와 각 관계 기관에 동시에 보고하라는 것이다.

같은 해 7월 경시청 특별고등경찰과에 조선인을 전담할 내선고등계內鮮高等係가 신설되었다. 11월에는 '조선인의 시찰취체에 관한 건朝鮮人ノ視察取締ニ関スル件'(경보국장 내무성비內務省秘 제1968호)이 나왔다. '요시찰인' 리스트에 포함되지 않은 재일조선인으로 러시아 등 외국에 있는 조선인 사회주의자와 연계하는 자가 늘었다는 이유로 리스트의 재정비, 사진 및 필적 확인, 한국어를 할 수 있고 한국 사정에 밝은 '시찰계視察係'의 채용, 조선·러시아·중국·미국 등을 오가는 선박 내에서의 단속강화 등을 실시했다.

1921년에 단속 체제가 세밀하고 엄격해진 배경에는 2.8독립선언 외에도 유학생 서상한徐相漢의 영친왕 이은李垠과 나시모토노미야 마사코梨本宮方子의 결혼식 폭탄투하계획 사건(1920년 4월), 민원식 살해사건 등이 있었다.

같은 시기 유학생에 대한 융화책도 진행되었다. 앞서 검토한 민간 유지와 종교계뿐 아니라 치안 당국도 취학·취업·의료·주거 등의 상담을 하는 조선인 상담부(니시간다西神田 경찰서), 조선인 인사人事상담소(경시청 특별고등경찰과), 조선인·중국인 유학생 친목회(시부야渋谷경찰서)를 설치하거나, 한시적이기는 했지만 '요시찰인' 미행을 완화하기도 했다.[53] 1921년 11월 도쿄를 방문한 조선총독부의 시바타柴田 학무국장은 어느 간담회 석상에서 경시청의 내선고등계장, 유학생들이 많이 사는 요도바시淀橋·니시키초錦町·니시간다, 와세다 지역의 경찰서장에게 형사나 고등계가 아니라 문화계 따위의 명칭을 사용하는 등 '융화적融和的 지도指導'를 당부하기도 했다.[54]

1919년부터 1921년까지의 시기는 조선총독부 및 일본의 치안 당국이 유학생에 대한 관리 감독과 재일조선인 전반에 대한 단속 체제를 정비하고 원활한 상호연계를 꾀하기 위해 각종 제도를 정비하던 시기였다. 동시에 생활이나 학업을 지원하는 융화책을 강구하기도 했다.

한편 이러한 '공식적' 제도와는 별개로 조선 총독은 정책 브레인 아베 미쓰이에阿部充家를 통해 '비공식·개인적' 유학생 지원에 나섰다.

조선 총독 사이토 마코토와 아베 미쓰이에의 유학생 지원

아베 미쓰이에(1862~1936)는 조선총독부 기관지《매일신보每日申報》(한국어),《경성일보京城日報》(일본어) 사장 역임 당시 구축한 조선인 네트워크를 활용하여 사이토 마코토斎藤實 조선 총독의 비공식·개인적 정책 자문 역할을 하던 인물이다. 그는 조선인을 회유하는 한편 조선인과 조선 사회에 대한 정보를 모아 사이토 총독을 통해 식민 지배에 반영하고자 했다.[55] 특히 3.1독립운동 직후에는 조선인 엘리트 대응책과 민족운동에 대한 회유책 등을 사이토 총독에게 제언하였다. 회유 대상은 청년학생, 그중에서도 유학생이었다.

아베는 3.1독립운동 후 사이토 총독에게 건넨 의견서에서 독립운동의 가장 유력한 주동력은 도쿄와 서울에서 신교육을 받은 청년학생이라고 단언했다. 그들의 독립운동을 막기 위해서는 종래의 탄압을 완화하고 우수한 학생에게 '각종 완화제緩和劑'로써 재학 중은 물론 졸업 후에도 항상 주의를 기울여 조선 통치의 지원군으로 만들어야 한다고 제언했다. 사이토 총독은 아베의 제언을 바탕으로 아베에게 소개받은, 우수하고 유학생 사회에서 신망이 두터운 리더격 유학생에게 학비 지원과 취직 알선이라는 '완화제'를 투여하기 시작했다.

학비 마련과 취직에 힘들어하던 유학생에게 지원은 '금단의 열매'와 같았다. 1924년 10월 와세다대학 동창회는 유학생 김송은金松殷과 정웅丁雄이 아베와 조선은행 총재 미노베 슌키치美濃部俊吉로부터 학비를 받고 동포 조직의 정보를 흘리는 '매국노적 행위'를 했다는 이유로 이들을 제명했다. 이 둘은 다음 달 학우회에서도 제명당했다. 학우회는 일본인 개인 또는 단체, 조선총독부로부터 학비를 지원받는 유학생을 조사해 규탄했다. 김송은은 아베와 미노베 총재의 지원을 받았다고 하지만 실제로는 아베를 통해 사이토 총독의 지원을 받고 있었던 학우회와 유학생 운동의 리더였다. 사이토 총독이 조선은행을 통해 지원한 사례도 확인되는 것으로 보아 정웅 역시 미노베 총재를 통해 사이토 총독의 지원을 받았을 가능성 또한 배제할 수 없다.

3년 전에도 조선총독부에 학비 지원을 청원하거나 민간 지원단체 보인회로부터 학비를 받는 일이 비판의 대상이 되어 유학생들이 청원 중지와 보인회 기숙사 퇴사를 결의, 감행한 적이 있었다. 그러나 이번 두 사람은 학우회로부터 제명, 곧 유학생 사회로부터 배제되었다.

민간단체의 지원도 조선 총독의 지원도 그것을 받거나 청원한 이유는 경제적 궁핍에서 오는 현실적 필요성, 제한된 조건에서의 '입신출세'에 대한 욕망이었을 것이다.

사이토 총독과 아베의 지원 대상이 된 유학생은 소수의 리더에 한정되어 있었기 때문에 규모는 크지 않았다. 하지만 유학생 운동뿐 아니라 장차 조선의 장래를 짊어질 중심인물로서 기대를 받고 있었기 때문에 일본의, 심지어 조선 총독의 지원을 받은 사실을 알게 된 유학생 대부분은 유학생 동료와 조선 민족을 배신하고 식민 지배를 용인했다고 인식했다. 사이토 총독과 아베의 지원이 유학생 내부의 균열을 일으킨 것이다.

나가며

2.8독립선언 이후 주역이었던 유학생은 내적으로는 세계관과 노동

자, 민중에 대한 인식이 성숙해졌다. 조선 민중에 대한 자긍심을 가지고 조선인 노동자와 연대함으로써 새로운 꿈을 꾸게 되었다. 외적으로는 '내선융화'를 내건 단체와 조선 총독의 직접 지원사업의 대상으로서 포섭의 그물이 옥죄어오는 한편 한층 엄격해진 단속 체제를 통해 감시받는, 양쪽으로부터 빠져나갈 틈이 없을 정도로 촘촘하고 엄중한 '회유와 압박의 그물'을 직면하게 되었다.

'회유와 압박의 그물'에 대한 대부분 유학생의 태도는 집단적 저항과 거부였다. 반면 소수이긴 했으나 학비 지원과 취직 알선을 청원하는 유학생도 존재했다. 집단적 저항과 개인적 회유, 이 둘은 일치하기도 하고 상충하기도 했다.

1920년대 중반 이후 유학생들은 격변하는 세계정세, 침략전쟁에 다가가는 일본, 이에 따른 식민 지배 체제의 변화, 각 사상과 운동 등 그 어느 때보다 다양하고 복잡하게 얽힌 상황에서 한 사람의 조선인으로서, 한 사람의 젊은 엘리트로서 삶을 살아야 했다. 그때의 선택과 그 선택이 불러온 결과에 대해 앞으로도 신중히, 면밀히 검토해나가고자 한다.

참고문헌

국가보훈처, 『조선·타이완특별요시찰인약식명부』(선인, 2016).

宮地忠彦, 『震災と治安秩序構想』(クレイン, 2012).

김태엽, 『투쟁과 증언』(풀빛, 1981).

朴慶植 編, 『在日朝鮮人關係資料集成』1(三一書房, 1975).

박찬승, 『대한민국의 첫 번째 봄 1919』(다산초당, 2019).

裵姈美, 〈一九二二年中津川朝鮮人虐殺事件〉, 《在日朝鮮人史研究》40, 2010.

裵姈美, 〈一九二〇年代の「内鮮融和」政策と在日朝鮮人留学生: 寄宿舎事業を中心
    に〉, 《歷史評論》729, 2010.

裵姈美, 〈朝鮮総督斎藤実と阿部充家による朝鮮人留学生「支援」〉, 《日韓相互認識》
    4, 2011.

이형식 편저, 『斎藤實·阿部充家 왕복서한집』(아연출판부, 2018).

横井誠應, 『朝鮮文化の研究』(仏教朝鮮協会, 1922).

《학지광》, 《조선일보》, 《동아일보》, 《読売新聞》, 《中外日報》, 《文教の朝鮮》, 《東洋
    時報》

배영미 裵姈美

1976년, 한국 출생. 한국근대사, 한일관계사 전공. 현재 한국독립기념관 연구위원.
공저로 「關東大震災時の朝鮮人留学生の動向」『關東大震災 記憶の繼承: 歷史·地
域·運動から現在を問う』(日本經濟評論社, 2014), 「李相佰'帝國を生きた植民地人: 早稲
田という「接觸領域」に着目して』『留學生の早稲田: 近代日本の知の接觸領域』(早稲田
大學出版部, 2015), 「在日朝鮮人の3.1運動繼承 1920~1948」『未完の獨立宣言: 2.8朝
鮮獨立宣言から100年』(新教出版社, 2019) 등이, 번역서로 『사고의 프런티어 2 인종차
별주의』(푸른역사, 2015)가 있다.

제3장

2.8독립선언과 3.1독립운동에서의 기독교
_'독립선언서' 서명자와 '교회'와의 거리[56]

마쓰타니 모토카즈松谷基和

들어가며 _ 독립운동과 '기독교도'의 관계성

2019년 3.1독립운동 100주년을 기념하여 한국에서는 다양한 기념 행사가 열렸다. 그중에서도 3.1독립운동의 중심 역할을 했다고 일컬어 지는 기독교회는 교파를 넘어 '3.1독립운동100주년기념위원회'를 결 성하여 독자적인 기념행사를 준비했다. 이 글을 읽는 독자 중 많은 이 가 '3.1독립선언서'에 서명한 33인 중 반 정도가 기독교도였다는 사실 을 알고 있으리라 생각한다. 3.1독립운동의 계기가 되었던 도쿄 조선 인 유학생들의 '2.8독립선언서'에 대해서도 학생들이 '독립선언서'를 발표한 장소가 재일조선YMCA 회관이었다는 사실로 볼 때 기독교와 의 관계가 있었다고 생각할 것이다.

하지만 실제 이들 운동 지도자들이 당시 조선의 기독교 운동 및 교 회 조직과 어떠한 관계에 있었는지 아는 이들은 거의 없을 것이다. 독 립운동과 기독교의 관계성은 일반적으로 당연한 것으로 인식되지만 운동 지도자들의 '기독교도'로서의 경력과 구체적 활동 내용에 대해 서는 대부분 관심을 가지지 않았다. 원래 '기독교도'라는 정의 자체가 상당히 애매하고 자의적으로 사용되어왔기 때문이다. 실제로 우리가 누군가를 '기독교도'라고 칭할 때 교회에서 세례받은 사람만을 가리킬 까, 아니면 세례받지 않았더라도 정기적으로 교회에 다니거나 성경의 가르침을 따르고 개인적으로 신봉하는 사람까지 포함할까? 지도자란

교회의 목사나 장로 등 교단 조직의 특정 직함을 지닌 자나 간부를 지칭할까, 아니면 미션스쿨이나 YMCA 등 기독교계 학교나 시설의 책임자, 기독교를 배경으로 사상운동이나 사회복지 활동을 전개하는 사람들까지 포함하는 것일까?

'기독교도'의 정의는 명료하지 않다. 지금까지 독립운동 관계자가 '기독교도'라고 뭉뚱그려져 왔기 때문에 마치 그들이 하나의 집단으로서 뭉쳐 있는 듯한 인상을 준다. 그러나 거듭 말하지만 개개인이 조선의 기독교 운동이나 교회 조직과 어떠한 관계를 맺었고 어느 정도 관여했는지, 과연 그들 사이에 '기독교도'로서의 일정한 공통적 체험이나 가치관이 있었는지에 대해 의구심을 갖지 않았다.

이 글에서는 '2.8독립선언서' 및 '3.1독립선언서'에 관여한 '기독교도'들이 운동 이전에 어느 정도 기독교와 관계를 맺었는지 검토하고 독립운동과 기독교와의 관계성을 재고해보겠다. 특히 주목하고자 하는 점은, 그들이 단순히 개인적 차원에서 기독교의 가르침이나 가치관을 신봉했는지가 아니다. 사회적 차원에서 '교회' 지도자였는가이다. 왜냐하면 그들이 '교회' 지도자였는지 아닌지는 독립운동에 참여했다고 알려진 '기독교도'들이 과연 '교회'라는 조직을 중심으로 운동했는지를 판단할 근거가 되기 때문이다. 나아가 독립운동에 대한 '기독교'의 공헌을 평가하는 데도 중요한 요소가 된다. 우선 '2.8독립선언서'의 경우를 살펴보자.

1 조선교회 비판자로서의 이광수

'2.8독립선언서'를 도쿄의 재일조선YMCA 회관에서 발표했기에 '기독교도'의 독립운동으로 생각하는 경향이 있다. 그러나 이 독립운동을 주도한 조선인 유학생들은 서양 근대문명의 배경 중 하나인 기독교에 대한 상당한 지식을 갖고 있었고, 기독교를 이해하고 공명하고는 있었으나, 조선 '교회'와 관계가 깊었던 것은 아니다. 오히려 '2.8독립선언서'를 기초起草한, 운동의 중심인물 이광수는 이전부터 조선 '교회'에 대한 강력한 비판자로 알려져 있었다.

이광수는 1892년 평안도 정주定州에서 태어났다. 기독교 가정은 아니었고 소년기에는 천도교를 신봉했다. 그가 기독교와 만난 것은 일본에 유학하여 장로파 미션스쿨인 메이지가쿠인의 보통학부(당시 중학교에 상응)에 입학한 1907년 이후였다. 그는 메이지가쿠인에서 배우면서 처음 본격적으로 성경을 접했고 서양문명과 그 배경인 기독교 사상과 종교문화에 관한 지식을 흡수했다. 이 시기 문학에도 눈을 떠 서양과 일본의 근대문학을 탐독했다.

이 경험이 이광수를 '교회' 신자로 만들지는 않았다. 오히려 그는 기존의 '교회'와 '기독교도'에 대한 의문과 비판의식을 가졌다. 당시 이광수는 톨스토이의 저작, 특히 『나의 신앙은 어디에 있는가』에 가장 큰 영향을 받았기 때문이다.[57] 톨스토이는 일반적으로 문학자로 알려져 있으나 실제로는 철학자·신학자로서의 면모도 가지고 있었고 전통적 '교회' 제도와 신학을 철저히 비판한 종교사상가이기도 했다. 톨스토이는 성경에 나오는 예수의 비폭력 무저항 사상의 철저한 실천을 강조하는 한편 기존의 '교회'가 이러한 가르침을 가벼이 여기고 국가나 권력과 유착하여 폭력을 용인하거나 성모 마리아의 처녀 잉태와 예수의 부활 등 비합리적 교의를 신도들에게 강요하고 지적 자유를 빼앗고 있음을 강하게 비판했다.[58] 실제로 톨스토이는 『나의 신앙은 어디에 있는가』에서 '교회'는 예수의 진정한 가르침에서 벗어난 '허무한 우상'이자 '오류'라고 단언하기도 했다.[58]

톨스토이의 독특한 기독교 이해와 '교회'를 부정하는 사상을 일반적으로 '톨스토이주의'로 칭한다. 이 영향을 가장 강하게 받았다고 자인하는 이광수가 조선 '교회'에 대해 비판적 인식을 하게 된 것은 당연하다. 이광수가 메이지가쿠인에서 성경을 읽고 기독교 사상과 문화를 접하면서 이해를 심화시킨 것은 사실이나, 동시에 톨스토이의 저작을 통해 '교회'에 비판적 안목 또한 빠르게 확립되었다.

이광수가 전통적 '교회'가 내거는 교의와 가치에 비판적이었음은 그가 당시 메이지가쿠인의 문예지에 투고한 「사랑인가[愛か]」라는 제목의 소설 주제에도 드러난다. 이 소설은 소년 간의 애정 관계를 주제로 한, 동성애적 요소를 포함한 작품이다. 당시 기독교회에서는 종파를 불문하고 동성애는 죄악이고 금기였기 때문에 전통적 기독교 교의를 중시

하고 성실히 교회에 다니는 학생이었다면 이러한 위험한 주제에 관심을 가질 리 없고 당연히 소설의 주제로 선택했을 리도 없었을 테다. 이러한 주제를 굳이 소설로 쓰는 행위 자체에서 역시 이광수가 전통적 기독교회의 교의나 가치관에 사로잡히지 않고 자유로운 지적 사색과 창작 행위를 실천하는 젊은 지식인으로 성장하고 있었음을 엿볼 수 있다.[60]

이는 동시에 당시 메이지가쿠인을 비롯한 일본의 미션스쿨이 '교회'와는 달리 기독교 신앙을 강요하지 않고 학생들의 사상 신조와 지적 활동의 자유를 인정하는 공간이었음을 보여준다. 이러한 일본 미션스쿨의 분위기를 지금은 당연하다 여길 수도 있다. 하지만 당시 서양 기독교 국가에서도 교회의 영향력이 강한 곳에서는 미션스쿨도 교회의 영향을 받았기 때문에 교사나 학생이 전통적 성경 해석이나 교회의 교의에 대해 지적 의문을 품거나 이론을 제기하는 것은 쉬운 일이 아니었다. 반면 일본의 경우 기독교 전통이 약하여 메이지 시기 이후에 세워진 미션스쿨은 기독교주의 이념을 내걸고는 있어도 기독교 신앙을 학생에게 강요하거나 기독교에 비판적 사상을 검열하는 경우는 많지 않았다. 이광수가 기독교에 관한 지식을 심화시키면서 동시에 '교회'를 부정하는 '톨스토이주의'를 배운 것은 이처럼 상대적으로 자유로운 분위기 덕분이다.

메이지가쿠인 재학 시절 이광수는 모국 조선이 일본의 식민지로 전락하는 모습을 보면서 민족의식을 키워나갔다. 그는 조선인 유학생과 《신한자유종新韓自由鐘》이라는 동인지를 몰래 발행하고 애국적 시나 소설을 동인들과 함께 발표하다가 발각되어 일본 경찰로부터 경고를 받기도 했다. 메이지가쿠인을 졸업한 이광수는 고조된 민족의식을 배경으로 조선으로 돌아가 차세대 청년들에게 애국주의 교육을 시행해야 한다며 고향인 정주에 있는 오산학교五山學校 교사로 부임한다. 이 오산학교의 창설자는 훗날 3.1독립운동의 지도자가 되는 이승훈李昇薰이다. 이승훈이 이광수에 주목한 데에는, 이광수가 당시로서는 매우 드문 일본 유학 경험자로서 최신 학문을 익혔을 뿐 아니라 같은 정주 출신이라는 지연이 크게 작용했다. 이승훈과 이광수는 부자지간 정도의 나이 차가 있었지만 조선의 장래를 짊어질 청년에게 근대교육을 하여 애국자로 육성해야 한다는 뜻을 공유하고 있었다.

이광수는 바로 이 오산학교에서 큰 문제에 봉착한다. 학교 창설자인 이승훈이 이른바 '105인 사건'으로 투옥된 후, 지역 기독교회와 관할 미국 선교사들이 학교 운영에 강한 영향력을 행사하기 시작한 것이다. 오산학교가 기독교화되면서 교사에게도 전통적 '교회'의 교의를 받아들일 것을 요구했고 세례를 받지 않았던 이광수도 미국인 선교사로부터 전통적 교의―예를 들어 마리아의 처녀 잉태와 예수의 부활 등―를 받아들이고 신자信者가 될 것을 요구받았다. 이광수는 이를 완강히 거부했고 이 때문에 선교사와 선교사를 추종하는 조선인 신자들로부터 '톨스토이주의자'로 지탄받아 학교를 사임할 수밖에 없는 상황에 내몰렸다. 이때 이광수의 실망과 분노는 그의 자전적 소설 『교원생활』에 자세히 나온다.[61]

오산학교에서 쫓겨난 이광수는 중국과 러시아를 떠돌다가 서울로 갔다. 그곳에서 훗날 '3.1독립선언서'를 기초하는 최남선崔南善이 그를 반기고 지원했다. 최남선은 유능한 젊은 지식인 이광수를 자신이 편집장으로 간행하던 잡지 《청춘靑春》의 기자로 활동하도록 했다. 이광수는 《청춘》에 소설이나 평론, 수필을 기고하다가 이후 학문을 한층 깊이 연마하기 위해 두 번째 일본 유학길에 올라 와세다대학에 입학한다.

이광수는 유학 시절에도 《청춘》에 계속 기고했다. 당시 기고한 글 중 조선 '교회'를 비판하는 〈금일 조선야소교회의 결점〉(1917)이라는 논설을 주목할 필요가 있다. 이 글에서 이광수는 조선 교회의 폐쇄성과 배타성을 지적했다. 조선의 '교회'가 근대적 학문이나 교육을 가벼이 여길 뿐 아니라 신앙을 저해하는 것으로 배척해 신도들의 무지를 조장한다고 강력히 비판했다. 덧붙여 이러한 '교회'의 낮은 지적 수준 때문에 조선의 '교회'는 서양 선교사들이 전하는 미신과 같은 신앙과 교의를 그대로 받아들이고 있다고 지적했다. 또 외부 세계나 사회의 변화에 눈을 돌리지 않은 채 좁은 '교회' 내부에만 갇혀 지내고 있다고 비판하며 이를 소위 '교회 지상주의'라 칭했다. 이광수의 눈에 비친 조선의 '교회'는 신앙은 있어도 학문은 없는 무지한 집단이었고 그 때문에 조선의 근대화 및 독립을 위한 실력 양성에는 도움이 되지 않는 존재였다.

조선 '교회'에 대한 냉정한 평가는 이광수가 유학과 해외 경험을 통해 쌓아온 풍부한 지식과 다른 세계와의 비교를 가능케 하는 넓은 시야와 연관되어 있다. 실제로 그는 이 논설에서 조선과 다른 사례로서 일본 교회를 비교 대상으로 다루었다. 이광수는 '일본의 야소교는 우리의 선생인 선교사의 본국(미국―인용자)의 기독교와 같은 것에 비해, '우리(조선―인용자)의 기독교는 아프리카나 지나支那의 기독교'라고 하며 근대적 학문과 기독교의 수용이 양립하지 않는 조선의 현상에 대해 답답함을 토로했다.

이광수가 말하는 '일본의 기독교'란 전통적 교의나 의례에 얽매인 '교회'가 지배하는 기독교가 아니라 예전 자신이 경험한, 지적 자유가 용인되는 메이지가쿠인과 같은 공간에서 성장한 기독교와 문화를 가리키는 듯하다. 이러한 인식이 타당한지 여부는 차치하더라도 적어도 당시 조선 사회를 외부의 관점에서 대상화할 수 있는 지식인이었던 이광수에게 조선 '교회'의 한계는 명백했고 그것이 조선의 독립운동을 짊어질 조직이 되리라는 기대를 걸지 않은 이유라고 볼 수 있다.

이러니 이 시기 이광수가 도쿄의 조선인 유학생들과 함께 전개한 민족운동이 '교회'와 무관하고 기독교적 색채가 옅었음은 당연하다. 실제 '2.8독립선언서'에서는 민족자결주의에 근거하여 일본과 세계를 상대로 조선의 독립을 요구하고 이 요구가 받아들여지지 않는다면 '영원한 혈전'을 불사하겠다는 전투적 논조가 눈에 띄지만, 기독교적 모티브나 논리 등은 전혀 찾아볼 수 없다. '선언서' 내용이 제1차 세계대전 후 세계정세의 변화와 윌슨의 민족자결주의 등에 기반하고 있음을 감안하면, '선언서'가 대상으로 삼는 독자는 당시 국내외 정세를 잘 알고 있던 학생과 지식인이지 이광수가 무학자無學者 집단으로 간주하던 조선 '교회'의 신도들은 아니었다. 결국 '선언서'는 그와 같은 근대학문을 흡수한 지식인이 국내외 지식인 사회를 향해 쓴 것으로 당시 조선 '교회'와는 아무런 관계가 없었다.

그렇다면 조선 '교회'에 비판적이었던 이광수가 다른 한편으로는 왜 재일조선YMCA라는 기독교 조직과 관련을 맺었을까? 얼핏 보면 모순으로 보이겠지만 실제는 그렇지 않다. YMCA는 '교회'와는 별개 조직으로 오히려 당시 '교회'에 비판적인 지식인들을 수용하는 측면을 지니고 있었다. YMCA는 18세기 영국에서 시작되었고 일반 신도 중심으로 설립된 사회단체로서 교파나 민족을 넘어 전세계 기독교 신도의 느슨한 연대를 지향하는 국제적 조직이다. 현대 언어를 빌자면 국제 NGO 조직이라 할 수 있다. 이러한 특징 때문에 YMCA 회원들은 반드시 세례를 받은 신자일 필요가 없었고 특정 교의나 가치관을 신봉할 필요도 없었다. 기독교 이념을 존중하고 교육이나 사회복지 차원의 목적을 위해 협력할 의사만 있다면 누구든지 가입할 수 있었다.

이처럼 사상, 신조를 불문하고 불특정 다수가 자유로이 모일 수 있는 공공公共 공간이 당시 조선에는 매우 귀했다. 특히 조선총독부의 압제 정치로 집회의 자유가 없었던 조선에서 YMCA는 '교회'와 마찬가지로 극소수의 선택지였다고 할 수 있다. 게다가 YMCA는 '교회'와 달리 특정 신앙이나 교의를 강요하지 않고 상대적으로 지적 자유도 누릴 수 있었다. 때문에 지적 호기심이 강하고 장차 조선의 독립을 위해 사회·정치 운동에 참여하려는 조선인 학생들에게 YMCA야말로 이상적 활동 장소였다. 이광수와 같이 '교회'와 거리를 두던 조선인 유학생의 활동 거점이 YMCA 회관이었던 점은 이상하지도 않고 오히려 그들은(모두는 아니라고 해도) '교회'에 비판적이었기 때문에 YMCA에 모여들었다고 할 수 있다. 이는 당시 재일조선YMCA가 주최한 강연회나 이벤트에 초청받은 일본의 지식인 가운데 사회주의 성향을 지닌 오야마 이쿠호나 '교회' 제도를 철저히 비판하고 '무정부주의' 운동을 전개하던 우치무라 간조內村鑑三 등이 포함되어 있었다는 사실에서도 찾아볼 수 있다.[62]

요컨대 YMCA는 결코 기존의 국가나 민족 별로 나뉜 '교회'를 지지하는 조직이 아니었다. 오히려 외부에 있으면서 '교회'가 인정하지 않는 새로운 사상과 지식을 흡수하여 '교회'를 상대화시키는 역할을 했다. 반대로 '교회' 입장에서 YMCA라는 조직은 교회 자체를 위협하는 잠재적 요소였기에 양자 간에는 항상 일정한 거리와 긴장 관계가 존재했다.

2 이승훈의 '교회' 관련 배경

3.1독립운동 지도자들과 조선 '교회'의 관계를 살펴보자. 앞서 말했 듯 '3.1독립선언서' 서명자 중 16명이 '기독교도'로 일컬어진다. 서명자 외에도 '선언서' 인쇄 및 배포에 관여하여 체포되어 서명자들과 함께 보안법 위반 등으로 재판을 받은 인물도 5명 있었다. 이들을 합하면 21명이 일반적으로 '기독교도'의 지도자라 불린다(이하 표 참조).

	이름	연령	직업	소속	현주소	본적	출생지	역할	공판결과 (금고형년)
1	이인환 李仁煥	56	장로	장로파	평북 정주	평북 정주	평북 정주	서명 계획입안	3
2	이갑성 李甲成	32	세브란스의학 전문부속병원 사무원	장로파	경성	경북 대구	경북 대구	서명	2.6
3	김창준 金昌俊	31	목사	북감리파	경성	평양	평남 강서	서명	2.6
4	오화영 吳華英	41	목사	북감리파	경성	경성	황해 평산	서명	2.6
5	박희도 朴熙道	31	중앙청년회 간사, 목사	북감리파	경성	경성	황해 해주	서명	2
6	최성모 崔聖模	47	목사	북감리파	황해 해주	황해 해주	경성	서명	2
7	신홍식 申洪植	49	목사	북감리파	평양	평양	경성	서명	2
8	양전백 梁甸伯	51	목사	장로파	평북 선천	평북 선천	평북 의주	서명	2

	이름	연령	직업	소속	현주소	본적	출생지	역할	공판결과 (금고형년)
9	이명용 李明龍	48	농업·장로	장로파	평북 정주	평북 정주	평북 철산	서명	2
10	이필주 李弼柱	52	목사	북감리파	경성	경기 고양	충남 홍성	서명	2
11	박동완 朴東完	35	기독교 신보사 서기	북감리파	경성	경성	경기 양평	서명	2
12	신석구 申錫九	46	목사	남감리파	경성	경성	충북 청주	서명	2
13	정춘수 鄭春洙	45	목사	남감리파	함남 원산	함남 원산	충북 청주	서명	1.6
14	유여대 劉如大	42	목사	장로파	평북 의주	평북 의주	평북 의주	서명	2
15	길선주 吉善宙	52	목사	장로파	평양	평양	평북 안주	서명	0
16	함대영 咸臺永	48	장로 휴직판사	장로파	경성	경성	함북 무산	계획 입안	2.6
17	김원벽 金元璧	27	연희전문 학교 학생	불명	경성	황해 안악	황해 은율	학생 시위	1.6
18	안세항 安世恒	33	평양기독교 서원회 총무	장로파	평양	평남 평원	평남 평원	선언서 배포	0
19	김지환 金智煥	29	목사	남감리파	경기 개성	경기 개성	평북 정주	연락원	0
20	김도태 金道泰	29	무직 (전교사)	장로파	평북 정주	평북 정주	평북 정주	연락원	0
21	김세환 金世煥	32	수원삼일 학교 교사	북감리파	경기 수원	경기 수원	경기 수원	선언서 배포	0

이들과 '교회'의 관계를 살펴보면 반 이상이 '목사'나 '장로' 등 '교회' 간부였고 그중에서도 '장로파'(교단의 정식 명칭은 조선야소교장로회)에 속하는 사람들이 눈에 띈다. '장로파'는 당시 조선에서 가장 신도 수가 많은 교파였다.

핵심 인물은 '독립선언서'에 '기독교도'의 서명을 모으는 데 중심 역할을 한 이승훈이다. 이승훈이 이 운동의 중심인물이었다는 사실은 지금까지 연구를 통해 알려졌다. 그는 조선의 기독교를 대표하는 '기독교 민족주의자'로 인식되어왔다.

이승훈은 젊을 때는 '기독교도'로 살지 않았다. 1864년 평안도 정주의 서민 집안에서 태어나 40대까지 장사에 몰두하며 '기독교'와는 무관한 생활을 했다. 43세가 되던 1907년, 저명한 민족운동가인 안창호安昌浩를 만나면서 고향 정주에 오산학교를 설립하고 애국주의적 교육운동에 매진하였다. 이승훈은 이 학교를 설립할 무렵부터 점차 기독교에 흥미를 갖기 시작했다고 하는데, 1911년 항일적 비밀활동에 관여했다는 용의(이른바 '안악安岳 사건'과 '105인 사건')로 일본 관헌에 체포되어 옥중에서 성경을 진지하게 읽으면서 기독교도가 되리라 결심했다고 한다. 이승훈이 옥중에서 기독교에 눈을 떴을 때 반대로 그가 오산학교로 초빙한 이광수가 '기독교도'에 의해 학교에서 쫓겨났다는 사실은 우연이긴 하나 흥미로운 역설이다.

1915년에 출옥한 이승훈은 바로 고향으로 돌아가 지역 교회에서 세례를 받았다. 그때 나이 51세였다. 이는 당시 조선에서는 상당한 연배로서, 그는 만년이 되어서 '기독교도'가 되었다 할 수 있다.

입신 후 그는 고령에도 불구하고 정력적으로 활동했다. 세례를 받은 후 평양의 신학교에 입학하여 반년 정도 배우고 다시 고향으로 돌아가 오산교회 '장로'로 선출되었다. 평안북도 지역의 각 교회 대표가 모이는 '노회老會' 회원이 되었고 1917년에는 전국의 '교회' 대표자들이 모이는 '총회'에 파견되는 대표위원 '총대總代'가 된다. 입신 후 불과 수년 만에 평안도 전역의 '교회'를 대표하는 자리에 오른 것이다.

당시 평안도는 19세기 말 기독교가 조선에 전해진 이래 그 세력이 가장 왕성한 지역이었다. 이미 목사나 장로로서 오랫동안 '교회'를 이끌어온 유력 지도자들이 많았다. 이러한 상황에서 신입 신도이자 '교회' 보직자로서의 실적도 없는 이승훈이 수년 만에 '교회'의 요직을 차지한 것은 꽤나 이상하다. 게다가 그는 입신하기 전까지 교육이나 민족운동을 위해 인생을 바쳐온 인물이었기에 입신 후 '교회'를 활약의 장으로 삼은 것도 상당히 갑작스러운 인상을 준다.

이승훈은 자신에 관한 기록 자료를 거의 남기지 않았기 때문에 그가 이 시기에 무엇을 생각했는지 확실히 알 수도 없다. 다만 그의 측근들이 남긴 증언에 따르면 이승훈이 '교회'에 점점 깊이 관여하게 된 것은 단순히 신앙적 이유뿐 아니라 민족주의 운동에 이용할 목적이 있었던 것으로 보인다. 예를 들어 그는 입신 즈음 제자들에게 다음과 같이 말했다.

> 우리나라 교회에는 우리 민족의 기둥이 될 우수한 인물이 많이
> 있다. 나는 이러한 기둥을 찾아내어 썩히지 않고 기르기 위해 교회
> 에 간다. 왜 이것이 나라의 독립에 이르는 길이 아니라고 할 수 있
> 겠는가.[63]

대단히 민족주의 운동가다운 발언이다. 그는 '교회'라는 조직에 유
망한 젊은이가 있으니 이들을 육성하여 민족운동에 이바지하고자 했
던 것이다. '교회'를 신앙이나 전도를 위해서가 아니라 민족운동의 동
지를 모아 교육하는 학교와 같은 장으로 생각했다는 말이다.

당시 그가 처한 상황을 고려하면 충분히 납득 가능한 설명이다. 이
승훈은 민족운동을 하다가 투옥되었고 출옥 후에도 일본 관헌의 경
계 대상이었기 때문에 사회적 활동이 매우 제한되어 있었다. '교회'는
조선총독부가 합법적 단체로 인정하는 몇 안 되는 사회적 조직이었고
불특정 다수가 모일 수 있는 장소이기도 했기에 이승훈이 이곳을 새
로운 민족주의 운동의 장으로 설정하고 이용하고자 한 것도 이상하지
는 않다. 이는 실제로 이승훈이 3.1독립운동 후 재판에서 증언한 내
용과도 일치한다. 증언 중 그는 '교회'가 주최하는 모임이나 회의 등의
기회를 이용하여 각지를 방문하며 독립운동의 찬동자를 모았다고 인

정했다. 그리고 '독립선언서'에 서명한 다른 장로파 신도들도 이러한 '교회' 네트워크를 통해 이승훈과 접촉했고 권유받았다는 사실을 인정하였다.

그렇다고 해도 이승훈이 영향력을 행사할 수 있었던 것은 어디까지나 그가 속한 평안도 지역 '교회' 범위 내였다. '독립선언서' 서명자 대다수가 이승훈과 같은 장로파였을 뿐만 아니라 그와 동향인 평안도 출신자에 집중되어 있었던 것도 이 때문이었다. 장로파가 전국 규모 교회 조직임에도 불구하고 전라도나 경상도의 서명자가 한 명도 없었던 것 또한 이러한 사정 때문이다. 그러니까 이승훈의 영향력은 어디까지나 개인적·지역적 차원에 머물렀고 전국 '교회'를 대표하여 신도를 동원할 수 있는 처지는 아니었다. 때문에 '선언서' 서명자 중 16명이 '기독교도'였다는 것으로 이를 단순히 조선 전역 '교회'의 조직적 참여의 증거로 간주할 수는 없다.

3 길선주와 양전백의 찬동 경위

이승훈은 차치하고라도 서명자 중에 길선주와 양전백이라는, 당시 평안도를 대표하는 저명한 목사가 서명자 중에 포함되어 있으니 조선 전역이라고는 할 수 없을지언정 적어도 평안도에서는 '교회'가 조직 전체 차원에서 3.1독립운동에 참여했다고 볼 수도 있다. 그러나 실은 이러한 관점을 강하게 부정하는 것이 다름 아닌 길선주와 양전백 당사자들이다. 이 둘 모두 재판 때 자신들은 처음부터 '독립선언서'에 서명할 의사가 없었다고 증언했다.

왜 찬동 의사가 없었던 이 둘의 이름이 '선언서'에 기재되었을까? 당시 평양에서 목사를 하고 있던 길선주는 1919년 2월경 이승훈으로부터 조선의 독립을 인정받기 위해 조선총독부에 '청원서'를 제출한다는 계획을 들었다. 길선주는 온건한 '청원' 방식이라면 문제가 없으리라 생각하고 찬동의 뜻을 내비쳤지만 눈이 나빠 서명할 수 없었다(실제로 길선주는 눈이 거의 보이지 않았다). 이승훈은 청원서가 완성되면 본인이 대신 서명할 테니 도장을 달라고 했고 길선주는 도장을 내주었다. 그 후 아무런 소식이 없다가 3월 1일 직전에 이승훈에게서 서울로 급히 오라는 연락을 받았다. 3월 1일 서둘러 평양에서 서울로 갔더니 그곳에서 본인이 생각하던 '청원서'가 아니라 본 적도 없는 '독립선언서'에 자신의 이름이 서명자로 기재되어 있고 이미 배포되었다는 사실을 알았다. 당황한 그는 바로 일본 경찰에 자수하여 체포되었다. 길선주는 자신이 이승훈에게 도장을 건넨 후 전개 상황에 대해 주의를 기울이지 않았던 점을 반성하고 재판 석상에서 다음과 같이 후회한다는 말을 남겼다.

나는 지금까지 종교에만 몰두하여 정치만큼은 생각하지 않았습니다만, 시세時世가 바뀌어 민족자결이라는 것이 제창되었다고 하여 어리석은 생각으로 독립을 청원하는 일에 찬성하고 이름을 내었지만, 이러한 결과가 될 일이었다면 독립은커녕 세상을 준다고 해도 계획에 참가하지 않았을 것입니다.

명실공히 평안도 '교회'를 대표하는 길선주는 '선언서'에 찬동하지 않을 뿐 아니라 독립 청원조차 거리낌 없이 "어리석"다 하였다. 양전백도 길선주와 마찬가지로 이승훈에게 도장을 건네는 바람에 자신의 의사에 반하여 '선언서' 서명자가 되어버렸다고 주장하며 재판관의 질문에 다음과 같이 답했다.

질문 : 피고는 처음부터 이 선언서의 취지에 찬성하지 않았습니까?

대답 : 그렇습니다. 저는 선언서에 대해서 전혀 듣지 못했습니다. 그 일을 들었다면 도장을 건네지 않았을 것입니다. ……오늘까지 그 선언서에 대해서는 저는 찬성하지 않습니다.

평안도 '교회'를 대표하는 중진 목사들이 모두 '선언서'에 대한 동의를 부인하고 이승훈에게 이용당했다고 주장한 것은 자신들만 죄를 피하기 위한 허위 증언이었을까? 그 가능성은 낮다. 그들 이외의 '기독교도'들은 이승훈을 비롯하여 모두 일본의 식민 지배를 비판하고 당당히 조선의 독립을 주장하며 '선언서'에도 찬동하여 서명했다고 증언했기 때문이다. 다른 '기독교도'가 '선언서'에 찬동했다고 증언하는데 길선주와 양전백만이 굳이 '선언서'를 부정하는 이유를 찾을 수 없다. 오히려 그들이 '교회' 대표였기 때문이라고 한다면 '기독교도'의 단결이나 '교회'의 명예를 위해서라도 자진해서 '선언서'에 서명했다고 대답하는 편이 훨씬 자연스러웠으리라 생각된다.

하지만 그들이 시종일관 '선언서'에 동의하지 않았다고 부정하는 이상 역시 평안도 '교회'를 대표하는 이 둘은 정말 처음부터 '선언서'에 서명할 의사가 없었고 이승훈에게 이용당했을 가능성이 높다고 봐야 할 것이다.

이 대목에서 애초 이승훈은 '기독교도'로서의 역사가 길지 않고 '교회' 참여도 민족운동의 목적을 달성하기 위한 수단으로 인식했다는 점을 떠올려야 한다. 앞서 말했듯 이승훈은 '교회'에 입문한 당시 '교회'를 통해 민족운동의 동지를 모으겠다는 생각을 주변에 알렸다. '교회'를 단순한 정치운동의 수단으로 간주하는 듯한 이승훈의 자세는 평안도 '교회'를 계속 지켜온 길선주와 양전백의 입장에서는 지극히 무책임하고 위험하게 보였을 것이다. 이러한 행위로 인해 '교회'가 정치에 휩쓸려 일본의 탄압 대상이 될 것이 뻔했기 때문이다. 결국 그들

은 이승훈과는 달리 '교회'를 대표하는 처지였기에 그리 간단히 '독립
선언서'와 같은 문서에 서명할 수 없었을 것이다. 게다가 당시 조선 '교
회'에는 이러한 정치적 활동을 경계하는 미국인 선교사들도 다수 재
적하고 있었고 실제로 신도들에게도 정치와 종교의 분리를 교육하고
있었기 때문에 '교회'를 대표하는 길선주나 양전백 같은 목사가 적극
적으로 '선언서'에 서명했으리라고는 생각하기 어렵다. 이승훈에게 이
용당했다는 길선주의 주장은 탄압하는 측인 일본의 관헌도 증거에
비추어 사실로 인정할 수밖에 없었고 재판 결과 길선주만 혐의 불충
분으로 무죄 석방되었다. 이러한 일련의 사실에 비추어 보건대 역시
이승훈이 일반 사회에 대한 선전 효과를 고려하여 '교회' 내 유력자인
길선주와 양전백의 이름을 무단 도용했다고 보는 편이 설득력 있다.

'교회'와 '선언서' 서명자들과의 거리를 보여주는 또 하나는 최남선
이 '선언서'를 기초했다는 점이다. 앞서 살펴보았듯 조선의 '교회'를 비
판하는 이광수의 논고가 최남선이 편집장이던 잡지 《청춘》에 게재되
었고 당연히 최남선 자신도 '교회'와는 선을 긋고 있었다. 최남선이 기
초한 '3.1독립선언서'도 이광수의 '2.8독립선언서'와 마찬가지로 내용
에서 기독교적 색채를 찾아볼 수 없는 점은 이상하지 않다. 게다가
'3.1독립선언서'는 한자에 능통한 최남선답게 한어漢語가 많이 포함된
문어체로 쓰여 있다. 당시 '교회'에서는 신도들의 교육 수준에 맞춰 한
문이 아니라 서민들이 배우기 쉬운 한글 교육이 중시되어 한글로만

쓰인 성경이나 찬송가가 사용되었던 점을 감안하면 '선언서'는 문장 자체가 당시 조선 '교회'의 문화와는 동떨어진 것이었다고 할 수 있다.

4 서울의 감리교와 YMCA

장로파와 어깨를 견줄 수 있을 조선 기독교 2대 종파 중 하나인 감리교 참가자의 특징에 대해서도 간단히 살펴보겠다. 이승훈이 장로파 측 중심인물이었다면 감리교 측 중심인물은 박희도였다. 박희도는 감리교회를 대표하는 저명한 중진 목사는 아니었다. 그는 당시 30대의 젊은 목사로 학생들 사이에서는 교회 목사라기보다 서울YMCA의 리더로서 신망이 두터웠다. 박희도는 공통의 지인을 통해 이승훈을 소개받고 '독립선언서' 배포 계획에 찬동하여 서울에서 서명자 획득에 힘썼다. 서명자 중 YMCA 회원(서울 및 지방 지부 포함)이었음이 확인되는 인물은 정춘수, 최성모, 오화영, 박동완, 이필주, 양전백, 이갑성, 이승훈 등이다.

'3.1독립선언서' 서명자 중 YMCA 회원이 많은 것은 '2.8독립선언서'에 조선인 유학생들이 참여한 이유와 같다. 앞서 말했듯 YMCA는 당시 보수적인 조선의 '교회'와는 달리 자유로운 사상과 신앙을 인정하고 세련된 지성을 지닌 젊은이들이 모이는 장소였기 때문에 그곳에

모였던 사람들이 '3.1독립운동'에도 적극 참여한 것은 당연하다. 그들 중에는 '교회'에 소속된 자도 많았지만 결국 '교회'가 아니라 YMCA 로 이어지는 인물들이 독립운동을 주도한 것으로 보건대 역시 YMCA 에는 '교회'에는 없는 매력과 역할이 있었음이 분명하다.

5 천도교의 자금 원조

마지막으로 '선언서' 서명자와 '교회'의 결정적 거리를 보여주는 것 으로 자금원의 문제를 들 수 있다. 당연히 3.1독립운동의 준비 단계 에서는 '선언서'의 대량 인쇄와 각 지방 배포에 쓰이는 여비 등 상당 한 금액의 활동 자금이 필요했다. 만일 그들이 '교회' 대표이고 그 조 직 전체가 독립운동에 찬동했다면 활동 자금 또한 '교회'나 '기독교 도'들이 제공했을 것이다. 그런데 재판 석상에서 밝혀진 사실에 따르 면 활동 자금의 전액을 천도교에서 제공했고 이승훈은 천도교로부터 5,000엔이라는 거액의 활동 자금을 받는다는 조건으로 '기독교도'에 게 제안할 것을 약속했다. 5,000엔의 운동 자금 중 500엔은 '선언서' 서명자가 체포될 경우 남겨진 가족의 생활자금으로 충당하도록 '기독 교도' 서명자들에게 사전 배분되어 있었다. 만일 '교회'가 조직적으로 독립운동을 지지했더라면 남겨진 가족의 지원도 천도교가 아니라 '교회'가 해야 했겠지만 '기독교도'들은 이 자금까지도 모두 천도교에 의존했다. 이렇듯 '3.1독립선언서'로 시작되는 3.1독립운동을 뒷받침한 재정적 기반을 보더라도 이승훈을 비롯한 '기독교도'들이 '교회'의 지원을 받은 증거보다는 그들이 '교회'나 YMCA 등 조직적 네트워크를 이용하면서도 주로 개인적·지역적 인맥을 중심으로 연결되어 있었다는 사실이 드러난다.

나가며

지금까지 '독립선언서'의 '기독교도' 서명자의 존재는 그 배경에 조선 '교회'의 지지가 있었다는 증거처럼 인식되어왔다. 그러나 본고에서 검토한 바와 같이 현재 입수 가능한 기록이나 자료를 보는 한 '2.8독립선언서'를 기초한 이광수 그룹, '3.1독립선언서'를 작성한 이승훈 그룹 모두 당시 조선 '교회'와 거리가 있었고 그 조직을 대표하는 인물도 아니었다. 일반적으로 '기독교도'로 분류되는 이들 또한 각각 '교회'와 다른 거리와 대립 관계를 형성하고 있었다.

더욱 중요한 것은 그들과 '교회' 사이의 거리가 3.1독립운동 후 한층 벌어졌다는 사실이다. 예를 들어 이광수는 '2.8독립선언' 직후 상하이로 망명하여 독립운동을 계속하다가 이후 조선으로 돌아와 일본 지배 범위 내에서 문화적 민족운동에 전념하게 된다. 그는 이후에도 '교회'에 관여하지 않았고 만년에는 일본의 압력 아래 '친일'적 경향을 강하게 띠었다.

이승훈은 3.1독립운동으로 복역, 출옥 후 이광수와 마찬가지로 합법적이고 문화적인 민족운동에 전념했다. 이른바 '문화정치' 시기 동아일보사 사장과 민립대학 설립 운동의 발기인을 역임하는 등 '교회' 밖으로 활동의 장을 넓혀나갔다. 한편 조선 '교회'에 대해서는 민족운동의 열의가 부족하다고 비판하지만, 우치무라 간조의 제자인 김교신金敎臣과 교류하면서 무정부주의 지지를 표명하기에 이른다. 그리고는 조선 '교회'와 결별하고 삶을 마감했다.

박희도의 경우 출옥 후 '교회'를 떠나 사회주의에 접근하다가 좌익 활동 용의로 다시 일본 관헌에 체포, 투옥되었다. 두 번째 석방 후에는 완전히 친일적 언론 활동을 전개하는 인사로 전향하여 이광수와 마찬가지로 오늘날 '친일파'로서 부정적 평가를 받고 있다.

한편 이들과는 대조적으로 3.1독립운동 이전부터 조선 '교회'의 대표였던 길선주와 양전백은 운동 후 바로 '교회'로 복귀했고 이후 정치 운동에 관여하지 않고 조선 '교회'의 중진 목사, 공로자로 살아간다. 결국 3.1독립운동 이전부터 '교회'에 소원했던 인물들이 운동 후에는 더욱 '교회'로부터 멀어졌던 것에 비해, 이전부터 '교회' 내에서 활동하던 인물들은 이후에도 일관되게 '교회' 내에 계속 머물렀다. 이는 예전부터 '교회'의 대표자였던 길선주, 양전백이 본인의 의사에 반해 '독립선언서' 서명자가 되었다는 주장을 뒷받침한다.

이러한 필자의 주장과 해석은 '기독교도'가 독립운동을 주도했다는 일반적 통설과는 사뭇 다르다. 그만큼 대부분 독자는 쉽게 믿을 수 없고 나아가 이들 독립운동가의 평가를 폄훼하는 주장처럼 보일지도 모른다.

필자가 독립운동가와 '교회'의 거리와 대립을 상세히 밝힌 것은 오히려 그들이 당시 직면했던 고뇌와 갈등에 초점을 맞추고 이 인물들의 생애를 한 차원 더 깊이 이해하기 위한 것이다. 결코 부정적 의미를 들춰내기 위함이 아니다. 지금까지 독립운동사에 있어 '기독교도'들의 평가는 애국적 행위가 있었는지 등 표면적 사실만을 중요시해 왔다. 그들 개개인의 삶이나 내면적 세계가 어떠했는지 충분히 고려하지 않았다.

본고에서 검토한 결과, 일반적으로 '기독교도'로 분류되던 민족주의자에는 다양한 부류가 있었고 각각 직면한 과제도 다양했다. 따라서 3.1독립운동으로부터 100년을 맞이한 오늘날, 앞으로의 새로운 100년을 향해 우리가 해야 할 것은 지금까지와 같이 '기독교도' 중에서 애국자를 찾아내어 알리는 것이 아니다. 그들이 일본 지배라는 당시 상황 속에서 '기독교'나 '교회'와 어떻게 마주했고 어떠한 과제에 직면하였으며 그 과제를 어떻게 극복하고자 했는지를 밝히고 이러한 역사를 깊은 공감으로써 이해하는 것이어야 한다.

　마지막으로 이 글의 골자는 2019년 일본의 학술잡지 『역사평론歷史評論』 3월호에 논문으로 게재되었으니 본고에서 일일이 소개하지 못한 참고문헌과 출처는 이 논문을 참조 바란다.[64] 이와는 별개로 19세기 말부터 3.1독립운동 때까지 조선 기독교와 내셔널리즘과의 관계를 다룬 졸저, 『民族を超える教会: 植民地朝鮮におけるキリスト教とナショナリズム』(明石書店, 2020)도 참조 바란다.

참고문헌

小野容照, 『朝鮮独立運動と東アジア 1910-1925』(思文閣出版, 2013).

松谷基和, 〈三・一運動における「キリスト教徒」と「教会」〉, 《歴史評論》 827, 2019.

松谷基和, 『民族を超える教会: 植民地朝鮮におけるキリスト教とナショナリズム』(明石書店, 2020).

오산중학·고등학교 편, 『오산80년사』(오산중·고등학교, 1984).

柳富子, 『トルストイと日本』(早稲田大学出版部, 1998).

トルストイ, 加藤直士 번역, 『我宗教』(文明堂, 1930).

波田野節子, 『李光洙: 韓国近代文学の祖と「親日」の烙印』(中公新書, 2015).

八島雅彦, 『トルストイ』(清水書院, 1998).

마쓰타니 모토카즈松谷基和

1975년, 후쿠시마시福島市 출생. 동아시아근대사, 크리스트교사 전공. 현재 도호쿠가쿠인대학 교양학부 언어문화학과 준교수. 저서로 『民族を超える教會: 植民地朝鮮におけるキリスト教とナショナリズム』(明石書店, 2020), 주된 논문·공저로 〈ネビウス方式」の再檢討: その理念と現實の乖離〉《韓國朝鮮の文化と社會》 11(風響社, 2012), 〈押川方義と朝鮮の關係史序說: 朝鮮傳道計畫から大日本海外敎育會へ〉《東北學院史資料センター年報》 1, 2016), 〈三・一運動における「キリスト敎徒」と「敎會」〉《歷史評論》 2019. 3) 등이, 번역서로 ウィリアム・J・ぺリ― 저 『核戰爭の瀬戸際で』(東京堂出版, 2018) 등이 있다.

제4장

도쿄 체류 타이완인 유학생과 조선인의 '연대'
_《아세아공론》으로 보는 반식민지통치운동

지쉬평紀旭峰

들어가며

이 글은 제1차 세계대전 이후 도쿄 체류 타이완인 유학생의 계몽운동을 통해 타이완인과 조선인이 연대한 상황을 검토한 것이다. 제1차 세계대전 이후 도쿄 체류 타이완인 유학생의 정치·민족 운동을 고찰하는 것은 다음 두 가지 이유에서다. 첫 번째는 2.8독립선언과 3.1독립운동을 비롯해 당시 도쿄 체류 조선인 유학생·지식인들의 반제국주의·반식민지통치운동이 타이완인 유학생에게 큰 자극이 되었다는 점, 두 번째는 당시 타이완인 유학생이 계몽운동을 추진하는 과정에서 조선인의 협력을 얻었다는 점이다.

1910년대 후반 "당시 조선인의 민족자결운동 내지 민족독립운동, 이를 목적으로 한 계몽문화운동은 타이완인의 운동보다 훨씬 앞서 있었다. 도쿄 유학생의 경우 이미 여러 단체를 조직해서 기관지 간행이나 사상·선전 보급 등을 하고 있었는데, 타이완인 유학생들이 점차 그에 합류했다.《아세아공론亞細亞公論》주간 류수천柳壽泉[류태경柳泰慶][65]과 차이페이훠蔡培火, 린청루林呈祿의 친교, 그리고 이들의《아세아공론》에 대한 빈번한 투고가 그를 증명한다. 특히 차이페이훠는 위 공론사의 이사를 촉탁받았던 적이 있"[66]다. 이처럼 도쿄 체류 타이완인 유학생들은 조선인 민족운동의 영향을 받아, 스스로 계발회啓發會(1918년 말 "타이완인을 어떤 형태로 해방시켜 현재의 질곡으로부터 구제할 것인가"를 목표로 결성)나 신민회新民會(1920년 1월 "타이완이 혁신해야 할 모든 사항을 연구하고 문화의 향상을 꾀한다"는 목적으로 결성) 등을 조직하거나, 잡지《타이완청년臺灣青年》(*THE TAI OAN CHHENG LIAN*), 1920년 7월에 창간한 신민회 기관지)을 창간했다. 그리고 타이완의회설치청원운동(타이완의 특수성을 강조하며 식민지 타이완에서 타이완인의 자치를 요구한 정치운동으로, 1921년 1월부터 1934년 2월까지 전개)에 뛰어드는 동시에, 적극적으로 도쿄의 조선인들과 연대를 모색했다. 예를 들면 "와세다대학에 있던 조선과 타이완 유학생들은《아세아공론》지상에 일본어로 정치론을 펼쳤다"[67]는 것처럼, 와세다대학 타이완인 유학생인 전문부 정치경제과의 황청충黃呈聰과 왕민취안王敏川은 도쿄 체류 조선인 류태경이 주재하는 종합월간지《아세아공론》에 논고를 발표할 기회를 얻었다.

이상과 같은 문제의식을 바탕으로, 이 글에서는 잡지를 통한 연대를 중심으로 한 제1차 세계대전 후 도쿄 체류 타이완인 유학생과 조선인 사이의 관계를 고찰해보고자 한다.

1 '내지 일본'과 '본도 타이완'의 언론 공간

'내지 일본'의 언론 공간

1910년대부터 1920년대에 걸쳐 일본에서는 자유주의나 인류주의 뿐만 아니라 사회주의나 마르크스주의, 무정부주의 등도 대두하기 시작했다. 제1차 세계대전 전후 시기 언론 공간을 보면, 이시바시 단잔石橋湛山이나 미우라 데쓰타로三浦銕太郎에 의해 식민지방기론(소일본주의)이 《동양경제신보東洋經濟新報》에 실렸다.[68] 또한 "미국을 비롯한 전승국들이 민주주의와 인류주의를 독일의 전제 및 국가주의에 대항한 자기 진영의 심벌Symbol로 삼아 전쟁을 수행했기 때문에, 최근 국제사회에서는 인류주의, 보편주의가 지배적인 이데올로기가 되었다. 이에 일본 사상계도 '인류'라는 심벌을 적극 수용했다"[69]는 것처럼, 인류주의와 인도주의가 다이쇼 교양주의·인격주의의 상징으로서 시라카바파白樺派*·종교 관계자를 비롯한 일본 지식인들 사이에서 회자되었다. 한편 《개조》에는 야마카와 히토시山川均, 사노 마나부, 오야마 이쿠오大山郁夫 등에 의해 사회주의·아나키즘·마르크스주의 논설도 빈번하게 등

---

* 1910년에 창간된 잡지 『시라카바白樺』를 중심으로 활동하면서 인도주의, 이상주의, 자아·생명의 긍정 등을 내세운 작가·예술가들.

장했다.

이와 같은 상황에서 민족의식에 눈을 뜬 일부 타이완인 유학생은 다른 아시아 유학생들과 마찬가지로 "전세계를 풍미한 민족 자치·자결의 사조로부터 자극을 받아, 일본의 다이쇼 데모크라시와 정당정치기의 자유로운 분위기 속에서 서구적 민주·자유·이성을 목표로 광범위한 문화·계몽 운동과 반식민지주의적인 민족운동을 전개해갔"[70]다. 타이완인 유학생들이 계몽운동에 눈을 뜬 배후에는 유학생들을 둘러싼 도쿄의 사회 상황(사상을 포함)도 일면 존재한다. 무엇보다도 조선, 중국, 일본을 포함한 아시아 지식인과의 교류와 제휴는 타이완인 유학생이 자신의 관심을 "본도本島 타이완에서의 내지인과 타이완인 사이의 차별 대우"[71]로부터 아시아, 더 나아가서는 세계로 확장해가는 중요한 계기가 되었다.

'본도 타이완'의 언론 공간

일본의 타이완 영유領有 이후, 타이완총독부는 지배 대상인 타이완인이 위험한 사상에 접하는 것을 경계하여 일관되게 언론 통제를 강화하고 있었다. 민족자결주의나 민본주의, 아나키즘 등과 같은 제1차 세계대전 전후의 다양한 신사조에 대해서도 검열제도(이중 검열을 포함)를 통해 타이완 유입을 막고자 했다. 이러한 언론 통제의 양상은

1919년에 발표된 우줘류吳濁流의 〈내지일본수학여행內地日本修學旅行〉을 통해 엿볼 수 있다. 우줘류는 당시 도쿄 체류 타이완인 유학생들의 기숙사인 고사료高沙寮에서 신사조에 관한 유학생들 강연을 들었을 때의 충격을 다음과 같이 회상했다.

> 도쿄에서는 고사료에 3일간 체재했다. 그곳에서 타이완 유학생들의 환영회에 초대받았다. 환영회 석상에서, 이름은 잊어버렸지만 작위가 있던 귀족 료장寮長이 있었는데, 그가 데모크라시라는 제목으로 당당하게 강연을 해서 깜짝 놀랐다. 일본인 중에 이런 인물이 있는가 감탄했다. 이후 타이완인 유학생이 번갈아 차례로 연설을 했다. 비분강개, 정치문제, 사회문제 등 나 따위는 일찍이 들어본 적도 없는 문제들뿐으로, 유치한 내 머리는 너무나 놀란 까닭에 그게 좋은지 어떤지 비평할 힘도 없었다. 물론 그에 공명하여 좌경화하는 기분이 일어나지는 않았지만, 그 대신에 어딘가 일리 있는 듯이 생각되어 크게 충격을 받았다. 이 여행에서는 그 외에도 여러 수확이 있었지만, 내 인생에 커다란 영향은 없었기에 생략한다. 일본 여행에서 돌아온 후부터 우리는 갑자기 데모크라시라는 신사조에 대해 피가 끓어올랐다.[72]

게다가 타이완총독부는 타이완 현지 발행 신문에 그치지 않고, 일

본 내지로부터 수입된 도쿄 체류 타이완인 유학생이 주재하는 잡지 《타이완청년》에 대해서도 내용 검열(이른바 이중 검열)이나 구독자 취조를 통해 엄격하게 언론 통제를 실시하고 있었다. 당시 타이완총독부의 엄중한 단속이 어느 정도였는지는 아래 〈타이완청년의 분기臺灣青年の憤起:《타이완청년》지에 대한 언론 탄압을 규탄하는 공개장《臺灣青年》誌に對する言論彈壓を糾彈する公開狀)〉[73]을 통해서도 파악할 수 있다.

나는 재작년에 고향 선배와 협력해서 제도帝都에서 타이완청년 잡지사를 창립, 월간잡지 《타이완청년》을 올해 7월부터 발행하여 금일에 이르고 있다. 일찍이 이 잡지 제1권 제3호에도 발표한 바와 같이 타이완 각지의 하급 관리는 이 잡지의 발전을 방해하고자 잡지 구독자에 대해 극력으로 불법적인 감시를 행했으며, 구독자에게 구독 정지를 권고하거나 소지하고 있는 잡지를 압수함으로써 독자의 증가를 방지하는 데 힘썼다. 게다가 중앙의 타이완총독부는 특별히 제정된 타이완신문지규칙에 따라 이 잡지의 대리점을 타이완 도내에 설치, 그곳에서 이미 내무성 검열을 통과한 잡지를 다시금 매호 납본해서 검열받도록 했으며, 또 잡지를 독자에게 발송할 때는 모두 총독부가 인정한 대리인의 인감을 잡지에 날인하라고 명했다. 이러한 번잡한 수속을 통해 단속을 계속해왔는데, 특히 최근에 이르러서는 그 가혹함의 도가 한층 더해졌다. 곧,

작년 9월 15일에 발행된 《타이완청년》이 도쿄에서는 내무성으로 부터 한 마디 주의도 받지 않고 발행되었는데도 타이완에서는 그 전부에 대해 발매 금지 처분을 받았다. 이후 잡지사는 타이완에서 문제를 일으키지 않을 수 있게 도쿄 타이완총독부출장소 당국자 와 성의를 다해 협의한 끝에, 매월 발행하는 잡지를 출장소에서 검 열받고 그 권고·주의에 따라 정정한 뒤 타이완에 보내기로 결정했 다. (후략)

실제로 타이완총독부 당국은 구독자 취조에 그치지 않았다. 도쿄 에서 이미 내무성 검열을 통과한 《타이완청년》에 대해 재차 검열하고, 또 빈번하게 내용 일부 삭제나 발매 금지를 명했다. 예컨대 1923년 2 월 제3회 타이완의회설치청원서가 제국의회에 제출된 직후, 잡지 《타 이완臺灣》(1922년에 《타이완청년》에서 잡지명을 바꿈)에는 〈반드시 실현 되어야 할 타이완의회必現すべき臺灣議會〉라는 특집이 마련되어, 아베 이 소오安部磯雄(〈자치 훈련의 기회를 제공하자自治の訓練を與へよ〉), 스기모리 고 지로杉森孝次郞(〈타이완의 가까운 장래에 대한 나의 희망臺灣の近い將來に對す るわたくしの希望〉), 호아시 리이치로帆足理一郞(〈타이완의회설립안에 대하여臺 灣議會設立案に就て〉), 사노 마나부佐野學(〈타이완의회 설립에 조력하자臺灣議 會の設置を助けよ〉) 등과 같은 일본인 지식인들도 타이완의회 및 자치 문 제에 대한 각자의 견해와 방법론을 제시했는데, 아베, 스기모리, 사노

3명의 논설은 "타이완 당국의 심기를 건드렸다고 간주되어 도내 발매가 금지되었다."[74]

어용신문 《타이완일일신보》로 본
2.8독립선언과 3.1독립운동

1919년 조선인의 2.8독립선언과 3.1독립운동에 대해 타이완총독부의 어용신문 《타이완일일신보臺灣日日新報》는 어떻게 보도하고 있었는지 살펴보자.

〈표 1〉을 보면, 당시 《타이완일일신보》가 2.8독립선언과 3.1독립운동에 대해 제대로 보도를 하고 있지 않았던 것을 알 수 있다. 실제로 몇 안 되는 기사 내용을 살펴보면, 조선인의 요구나 독립운동의 배경에 대해서는 거의 언급하지 않고, 오로지 경찰부대와의 충돌이나 내지인内地人 상점의 파괴, 출판법 위반 등의 면만을 다루었다(〈그림 1〉, 〈그림 2〉, 〈기사 1〉, 〈기사 2〉). 타이완총독부의 엄중한 언론 통제 아래에서 타이완 현지의 타이완인들이 2.8독립선언과 3.1독립운동에 관한 정확한 정보를 입수하는 것은 분명 꽤 곤란한 일이었을 것이다. 이는 타이완총독부 당국의 검열이 일본 내지보다 얼마나 엄격했는가를 재확인해준다.

〈표 1〉 2.8독립선언과 3.1독립운동에 관한 《타이완일일신보》 기사

게재일·번호	제목	일본어	한문	개요
1919년 2월 9일 6697호	조선학생취조 朝鮮學生取調	○		아오야마학원靑山學院 기숙사의 조선인에 대한 취조와 동행
1919년 2월 10일 6698호	조선학생사문 [査問朝鮮學生]		○	위와 같음(한문 번역)
1919년 2월 10일 6698호	도쿄 체류 조선인 분요 在京鮮人紛擾	○		간다神田조선기독교청년회관에 600명 집합
1919년 2월 14일 6702호	조선인 학생 불온 鮮人學生不穩	○		기독교청년회관과 히비야공원 日比谷公園에서의 옥외 연설
1919년 2월 16일 6704호	조선인 학생 유죄 鮮人學生有罪	○		출판법 위반에 따라 조선인 학생 유죄·수감
1919년 2월 25일 6713호	조선인 학생 강제 연행朝鮮學生引致	○		조선인 학생 백수십 명 히비야공원에서 집합, 연설
1919년 2월 26일 6714호	조선인 학생 강제 구치[拘致朝鮮學生]		○	위와 같음(한문 번역)
1919년 3월 4일 6720호	경성에서 폭동이 일어나다京城に暴動起る	○		기독교청년회 회원 등 수백 명 독립만세를 외침
1919년 3월 4일 6720호	인천도 또한 불온한 모양仁川も亦不穩模樣	○		용산사단의 병사 다수 급파
1919년 3월 5일 6721호	조선 총독 경질설 朝鮮總督更迭說	○		조선 통치에 대한 정책 개선, 총독 경질 있을 것

출전: 《타이완일일신보》 1919년 2월 8일~4월 30일 범위에서 필자 작성.

〈그림 1〉1919년 2월 10일 기사(출전:《타이완일일신보臺灣日日新報》제6698호)

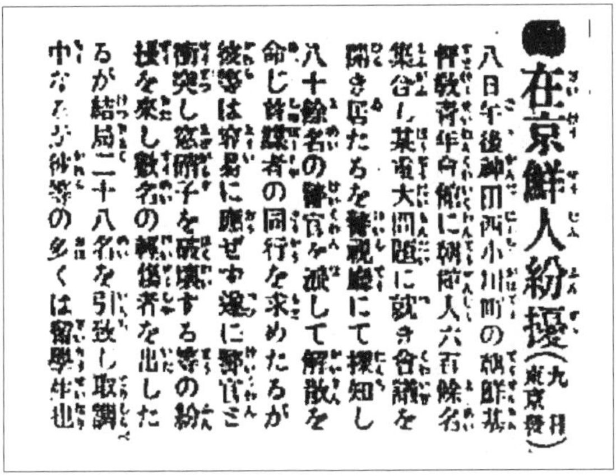

(출전:《타이완일일신보臺灣日日新報》제6698호, 1919. 2. 10)

〈기사 1〉〈도쿄 체류 조선인 분요在京鮮人紛擾 [9일 도쿄전東京電]〉

8일 오후 경시청은 간다神田 니시오가와마치西小川町의 조선기독교청년회관에서 조선인 600여 명이 집합, 모某 중대 문제에 대해 회담을 열고 있음을 탐지하여, 80여 명의 경관을 파견, 해산을 명하고 주모자의 동행을 요구했다. 그러나 저들이 용이하게 응하지 않으면서 끝내 경관과 충돌하여 창유리를 파괴하는 등의 분요紛擾를 야기, 수 명의 경상자가 발생했다. 결국 28명을 연행하여 취조 중인데 저들 대부분은 유학생이다.

〈그림 2〉 1919년 3월 4일 기사

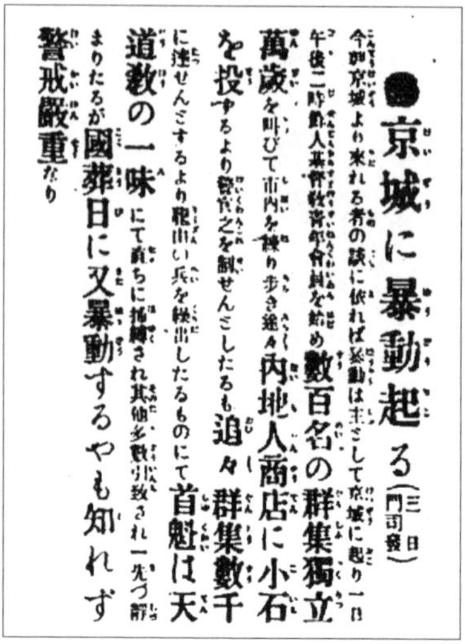

●京城に暴動起る (三日門司發)

今朝京城より來れる者の談に依れば暴動は主として京城に起り一日午後二時頃人某督教青年會員を始め數百名の群集獨立萬歳を叫びて市内を練り歩き進み內地人商店に小石を投ずるより警官之を制せんさしたるも追々群集數千に達せんさするより聖山い兵を繰出したるものにて首魁は天道教の一味にて直ちに捕縛され其他多數引致され一先づ群まりたるが國葬日に又暴動するやも知れず警戒嚴重なり

(출전:《타이완일일신보臺灣日日新報》
제6720호, 1919. 3. 4)

〈기사 2〉〈경성에서 폭동이 일어나다京城に暴動起る [3일 모지발門司發]〉

오늘 아침 경성에서 온 자의 말에 따르면, 폭동은 주로 경성에서 일어났다. 1일 오후 2시 조선인 기독교청년회원을 비롯해 수백 명이 군집하여 독립만세를 부르고 시내를 행진하면서 도중에 내지인 상점에 돌을 던졌다. 경관이 이를 제압하려 했으나, 군중의 수가 점차 수천에 달하게 됨에 따라 용산의 군대를 계속 투입했다. 수괴는 천도교 일당으로서 곧바로 포박되고 기타 다수가 연행되어 일단은 진정세지만, 국장일에 다시 폭동이 일어날지도 몰라 경계가 엄중하다.

2 도쿄 체류 타이완인 유학생과 조선인의 교류

제1차 세계대전 전후 타이완인 유학생 상황

타이완총독부의 유학생 정책은 자산가 자제의 일본 내지內地 유학 장려나 식민지 경영을 위한 인재 육성을 주로 삼았다. 초기 타이완인 유학생은 소학교만이 아니라 중학교나 실업학교 유학이 두드러졌다. 그러나 1910년대 중반 이후로는 타이완인의 향학심이나 진학 루트의 불연속, 이타가키 다이스케板垣退助의 타이완동화회臺灣同化會[75] 등의 영향도 있어서 고등교육기관 유학이 점차 증가하기 시작했다. 후에 정치운동의 선구자로서 활약한 차이페이훠(이타가키 다이스케 강연 통역 담당)도 타이완동화회에서 자극을 받아 일본 유학을 결심한 사람 중 하나였다. 〈표 2〉를 보면 알 수 있듯이, 다이쇼기 중반 이후에는 전문학교 이상의 고등교육기관으로 진학한 타이완인 수가 100명을 돌파했다. 당시 타이완인에게 대학 진학은 진학 루트의 불연속 등의 영향으로 입문이 좁았기 때문에, 그들 대부분은 학부가 아니라 예과 졸업 자격이 없어도 수험이 가능한 전문부로 진학했다.

진학예비교(세이소쿠영어학교正則英語學校나 겐수학관研數學館 등), 전문학교, 대학 등의 고등교육기관이 도쿄에 집중해 있었기 때문에, 대부분의 유학생이 도쿄에 있는 교육기관으로 진학했다. 동양협회의 조사

〈표 2〉 메이지 후반기부터 다이쇼기까지의 타이완인 유학생의 소속 추이

학급 / 연도	초등학교	중등학교	실업학교				고등학교 대학예과	전문교육	대학	특수학교 ·기타	합계	도쿄체류 타이완유학생
			농	상	공	소계						
1906	10	9	3		1	4		13			36	
1907	19	22	5	4	5	14		7			62	
1908	23	13	5	3	7	15		8		1	60	32
1909	28	30	10	5	5	20		13		5	96	43
1910	43	41	10	5	8	23		15		10	132	54
1911	65	52	13	6	3	32		18		9	176	약 70
1912	76	94	13	30	4	47		35		12	264	120
1913	57	130	11	53	11	75		39		14	315	
1914	47	155	15	50	4	69		45		9	325	
1915	40	179	7	42	4	53		50		5	327	121
1916	82	183	12	58	4	74		55		21	415	203
1917	83	201	12	68	8	88		86		24	482	211
1918	63	200	2	28	8	38		102		90	493	약 280
1919	91	219	2	37	7	46		119		89	564	349
1920	94	231	2	38	9	49		139		136	649	461
1921	116	297	1	34	13	48		173		123	757	528
1922	40	252	2	32	12	46		182		223	743	
1923	39	291				52	73	165		242	862	
1924	37	292				45	77	145		254	850	
1925	21	275				36	114	123	29	230	828	
1926	18	253				36	75	153	71	280	886	

주: ① '중등교육'은 중학교와 고등여학교를 가리키며, '기타'는 "처음 유학하여 아직 입학이 정해지지 않은 자 및 소학교, 중학교 등을 졸업하고 나서 다른 학교로 입학하려고 준비 중인 자를 계산했다." ② 대학의 경우는 각 대학의 통계자료가 있지만 전체 수가 불명확한 까닭에 여기서는 생략한다. ③ 공란은 자료가 불명확한 경우이다.
출전: 각 연도는《臺灣總督府學事年報》;《東洋時報》; 佐藤由美·渡部宗助, 「戰前の臺灣·朝鮮留學生に關する統計資料について」,『植民地敎育體驗の記憶』(皓星社, 2005년)로부터 필자가 가필하여 작성.

에 따르면, 그 비율은 1918년에는 57%였는데 이듬해인 1919년에는 62%가 되었고, 1920년이 되면 일본에 유학한 타이완인 유학생 총수의 대략 70%를 점할 정도로 경이적인 숫자가 되었다. 이에 반해 소·중학교 유학은 메이지부터 다이쇼 초기까지는 다수를 점하고 있었지만, 일본인·타이완인 공학제도와 제2차 타이완교육령의 영향으로 소학교 유학은 도리어 크게 줄었다.

잡지 《아세아공론》으로 본 도쿄 체류 타이완인과 조선인의 연대

전쟁 전[*] 도쿄 체류 타이완인과 조선인 유학생의 교류에 대해서는 "같은 일본 통치하에 있으면서도 타이완 유학생과 조선 유학생 간의 일상 수준에서의 교류나 연대를 거의 찾아볼 수 없었다"[76]는 지적이 있다. 하지만 《혁신신보革新新報》, 《청년조선青年朝鮮》, 《아세아공론》 등을 비롯한 기관지 발행에서 제휴를 확인할 수 있을 뿐만 아니라, 당시 간다기독교교회神田基督教教會, 신아동맹당, 코스모구락부 등과 같은 교회나 사상계몽단체를 매개로 도쿄 체류 타이완인과 조선인의 교류는 다소라도 존재했다.[77]

---

* 1945년 일제의 패망 이전

당시 대만인 유학생 수는 중국인이나 조선인보다 훨씬 적었을 뿐만 아니라, "종래 이들 도쿄 체류 유학생은 내지 관습에 적극적으로 동화하려 하고 사회문제, 정치운동 등에는 깊은 관심을 두지 않았기 때문에 이따금 지나인(인용문 그대로—인용자) 유학생이나 조선인 유학생 등으로부터 '유유락락 일본통치하에서 굴종하는 어리석음'에 대해 조소를 받았다"[78]고 하는 것처럼, 민족의식 각성과 계몽운동 전개에서도 크게 뒤처져 있었다. 그러나 조선에서 일어난 3.1독립운동으로부터 자극을 받은 일부 타이완인 유학생은 조선인과의 협력을 꾀했다. 예를 들어 차이페이훠, 황청총, 왕민취안 등은 조선인 정태옥鄭泰玉이나 류태경과의 친교와 알선을 통해 《청년조선》과 《아세아공론》으로부터 원고 게재의 기회를 얻었다. 이제부터는 《아세아공론》을 중심으로 타이완인 유학생과 조선인의 관계에 대해 알아보자.

다양한 사상이 만발했던 당시, 아시아의 현재와 장래를 주제로 한 논의가 빈번하게 이루어졌으며, 《동방시론東方時論》(1916년 9월 창간)을 비롯해서 아시아를 대주제로 삼은 기관지가 연이어 창간되었다. 그리고 1922년 5월에는 지금까지 없었던, "하나의 기관지 안에 세 가지 언어가 혼재한다"고 했던 《아세아공론》이 출현했다. 도쿄 체류 조선인 류태경의 획기적인 발상으로 창간된 종합월간지 《아세아공론》은 창간호 〈사고社告〉에서 "중국·일본·조선 세 개 문체로 아세아 각국의 명사·숙녀의 의견을 발표하는 동시에 도쿄에 유학하는 각국 유학생의 사정을 게재하고, 또 일반의 정경·외교·교육·종교·사회·노동·여성·문예와 기타 각종을 게재"한다고 밝혔다. 《아세아공론》의 취지는 다음과 같았다. "조금도 아세아민족의 단결이라든가 통일, 그런 보잘것없는 사고에 따른 것이 아니다. 인류주의의 표징表徵이라는 생각으로 이 제목을 선정한 터이다. 인류의 행복은 각 인人의 행복의 확장이다. 세계평화가 필요한 이상 우리는 반드시 부패한 아세아로 하여금 구미인에게 손색이 없는 인격자가 되게 해야 한다. 현상으로부터 생각한다면 가장 먼저 아세아인의 각성을 요구한다. 물고기를 잡아먹는 물고기[魚食魚]와 같은 근성에서 벗어나야만 한다."[79] 다시 말해서 《아세아공론》은 "인류주의로 아시아인을 각성시킬" 것을 당면의 목표로 삼아 첫발을 내딛은 것이었다.

《아세아공론》에는 아베 이소오, 스기모리 고지로, 이시바시 단잔, 다카쓰지 히데노부高辻秀宣를 비롯한 와세다대학계 일본인 집필자가 많았을 뿐만 아니라,[80] 아시아 각지의 지식인이나 정치가, 유학생 등도 기고했다. 무서명 기고를 제외한 중국인과 타이완인 집필자는 다음과 같다. 중국인의 경우 다이지타오[戴傳賢·戴天仇], 푸리위傅立魚(중국인에 의한 동북 지역 최초의 계몽운동진보단체인 다롄중화청년회大連中華靑年會의 발기인, 1920년 7월),[81] 탕허이湯鶴逸, 장창옌張昌言, 양퉈우楊橐吾, 후종허胡中和, 왕러런王了人, 러런了人(왕러런과 동일 인물일 가능성이 높다), 취티안성醉天生(필명) 등이며, 타이완인 집필자는 차이페이훠와 황청총, 왕민취안(석주錫舟) 등이었다.

유학생 집필자로는 와세다대학 전문부 정치경제과 출신이 많았다. 예를 들어 조선인 이상백李相壽(1923년 졸업), 백남훈白南薰(1917년 졸업)[82], 중국인 탕허이(1922년 졸업), 장창옌(1924년 졸업)과 대만인 황청총(1923년 졸업), 왕민취안(1923년 졸업) 등이 그에 해당한다. 서명署名이 있는 대만인 집필자 3명 중에서도 2명이나 와세다대학 전문부 정치경제과였다.

왜 이처럼 와세다대학 정치경제과 유학생이 많이 관여했던 것일까. 이는 《아세아공론》과 와세다계 지식인의 깊은 관계에서 비롯한다. 《아세아공론》 창간 초부터 와세다계 일본인 집필자가 많았을 뿐만 아니라 본사 자체가 와세다쓰루마키초早稻田鶴卷町에 있었다(나카메구로中目黑에서 와세다쓰루마키초 24번지로 이전). 바로 이런 요인이 와세다대학 유학생이 커다란 역할을 할 수 있는 기회가 되었을 것으로 생각한다.

고데라 겐키치小寺謙吉의 『대아세아주의론大亞細亞主義論』(1916년)을 비롯해서 "제1차 세계대전 무렵부터 '일본의 지도를 전제로 한 아시아 제 민족의 연대'라는 의미의 아시아주의가 일본 언론계에서 일정한 영향력을 갖게 되었다"[83]고 하는 분위기 속에서도, 《아세아공론》은 "동아 유일의 일등국"이라는 일본인의 우월의식(애국주의)을 지적하고 그러한 아시아주의적 사고방식과는 명확히 선을 그었다. 뿐만 아니라 1920년대에 들어서도 계속해서 국제적 배일운동의 조류, 식민지 자치

등의 난제를 안고 있었던 일본을 대상으로, 《아세아공론》은 '식민지의회 설치', '식민지 자치' 관련 시론 또한 적극적으로 취급했다. 예를 들어 아일랜드에 대한 식민지 통치 문제가 당시 식민지였던 조선 및 타이완에서 커다란 파문을 일으키자, 창간호의 칼럼 〈비명인가, 우렁찬 외침인가悲鳴乎, 雄叫びか〉는 10쪽 이상의 지면을 할애해서, 〈타이완에서의 언론 탄압을 내지 조야 제현에게 고발한다臺灣における言論彈壓を內地朝野諸賢に訴ふ〉(이 기사의 일부는 《청년조선》 제1호에도 게재했다)와 〈타이완의회설치청원서臺灣議會設置請願書[의회 제출]〉, 그리고 그 이유를 게재했다.

우선 논설 〈타이완에서의 언론 탄압을 내지 조야 제현에게 고발한다〉는 타이완총독부 당국의 검열이 내무성보다 가혹하다고 시사한 뒤에, 《타이완청년》의 논조는 좌우

《아세아공론》 창간호 표지

간 과격으로 흘러 공론에 빠지기 쉽다. 타이완 당국의 시정에 대해서도 막연하게 논평의 붓을 들어 시정의 근본 방침을 논하는 등 그 진정한 목적을 그르치고 자신이 아직 면학 연찬勉學研鑽의 도중에 있는 학생 신분임을 잊은 채 헛되이 공론을 기꺼워하는 풍조가 있다. 그렇기 때문에 이를 타이완 청년들에게 읽히는 것은

！！正義人道の急先鋒

言論界 の 大革命

《아세아공론》 창간호 목차

백해무익하다"고 한 《타이완일일신보》의 악의적인 중상을 예로 들면서 타이완 언론기관이 완전히 타이완 당국에 조종당하고 있음을 지적했다.

다음으로 〈대만의회설치청원서〉(〈타이완특별입법의 유래臺灣特別立法の由來〉, 〈타이완 주민에게 특별참정권을 부여할 필요臺灣住民に特別參政權を附與するの必要〉, 〈타이완의회설립청원의 요지臺灣議會設置請願の要旨〉, 〈타이완의회 설치 반대론에 대한 변명臺灣議會設置の反對論に對する辨明〉 등)를 보자. 이 글은 프랑스 등의 식민지 통치 실태를 들어가며 타이완의회 설치의 타당성과 필요성을 서술하고 있다.

알제리 이외 프랑스령 식민지는 두셋의 보호국을 제외한 대부분의 경우 동화제도와 자치제도를 병행하여, 식민지 주민은 본국 의회에 대의사를 선출하는 동시에, 식민지 내정에 대해 어느 정도까지는 식민지 의회에서 의결할 수 있는 권능을 부여받고 있다. 이를 보면 프랑스의 동화정책도 과거의 실정에 비추어 점차 자치적 제도를 인정하고 있음을 알 수 있다. (중략) 이 섬 안에 살고 있는 350만 부민附民을 어떻게 해야 영원히 제국 인정仁政에 충심으로 열복하고 축복하게 만들 것인가는 실로 용이한 문제가 아닐 것이다. 황송하게도 일시동인의 성치聖治를 입은 우리는 타이완의 현상과 제국의 정체政體, 그리고 세계의 사조에 비추어, 타이완 주민에게 특수의 사명을 발휘할 수 있도록 우선 특별참정권을 부여할 필요가 있음을 인정한다. 동시에 타이완 통치의 근본 방침은 제국 백년대계로부터 저 실패 많고 불철저한 동화정책을 취하지 말고, 종래 타이완 당국이 유지해온 특별입법은 시세에 대응하는 입헌적 정신에 준거하여 시행케 함으로써, 타이완 주민의 복지 및 발달을 꾀하고 종국적으로는 타이완 통치가 성공하기를 간절히 바란다. 이것이 이번에 감히 타이완민선특별의회 설치를 제국의회에 청원한 이유이다. 만약 제국의 강대함을 바탕으로 모국 신사母國紳士를 자임하고 있다면, 넓은 도량으로 반드시 오인의 합법적 요구의 취지를 양해하시어 타이완에 있는 신부동포新附同胞의 언어풍습 및 그 정당한 권리를 용인해야 함을 확신하는 바이다.[84]

한편 차이페이휘의 〈극동의 평화는 과연 어떠한가極東の平和果たして如何〉의 주된 논점은 타이완에 있다기보다 오히려 일본·중국, 일본·조선, 일본·타이완 등 상호 관계 개선에 있다고 봐도 좋다. 차이페이휘는 우선 역사를 거슬러 올라가 일본·조선, 일본·타이완의 차이점을 논하고, 조선·타이완에 대한 일본의 차별정책 철폐를 호소했다. 아울러 극동의 평화를 실현하려면 '일화상친日華相親[일중친선日中親善]'이 불가결한 요소임을 역설했다. 실제로 위 논설이 발표되기 1년 전인 1921년 8월에 차이페이휘는 〈중일 친선의 요체中日親善の要諦〉(《타이완청년》 제3

권 제2호)라는 논설에서 중·일 양국 친선의 의의·필요·장애에 대해 논했다.[85] 또한 베르사유강화회의와 워싱턴평화회의에서 중일 양국의 격한 항쟁에 대해서는 "극동은 극동인의 극동이다. 극동 건설은 극동 인 손에 의하지 않으면 안 되는 것과 마찬가지로, 그 파괴 또한 극동 인에 의해 이루어져야만 한다"[86]고 주장했다.

여기에서 주의할 점은 "극동은 극동인의 극동이다"라는 논조가 결코 먼로주의와 같이 배외적이지 않다는 것이다. 차이페이훠가 그 논조를 내세운 진의는 "극동에서 일체 분규는 모두 극동인 스스로가 만든 죄업이라고 믿는다. 극동 스스로가 그 책무를 져야지 결코 다른 이에게 전가해서는 안 된다"[87]고 하는 "아시아인의 자기반성"에서 유래하는 것이기 때문이다.

황청총이 발표한 〈타이완의 경제적 위기臺灣の經濟的危機〉는 1921년에 타이완총독부의 검열로 전문 삭제 명령을 받은 〈타이완 경제계의 위기와 그 구제臺灣經濟界の危機と其の救濟 [계속承前]〉(『타이완청년』 제3권 제5호, 1921)에 가필한 것으로 볼 수 있다. 황청총은 식민지 모국 본위주의와 식민지 본위주의의 우열에 대해 구미의 예를 들어 말하길, "스페인과 포르투갈은 흡수주의 때문에 다수의 식민지를 잃었으며, 잔여 식민지도 거꾸로 본국에서 매년 역보조하는 상태이다. 영국은 대개 독립자급주의를 취했기 때문에 보조금을 면할 수 있어서, 모국과 식민지가 서로 융합·번영하고 있음을 거울로 삼아야 할 것이다"라고 했다.

왕민취안은 〈현명한 정치가의 출현을 희망한다希望賢明政治家之出現〉(중국어)라는 글을 기고했다. 왕민취안은 타이완의회 설치, 식민지 언론집회 자유 등을 실현하기 위한 키워드로 '당파를 초월할 것', '당파를 감화시킬 것', '당파에 좌우되지 않을 것'을 제기했다. 그리고 유색인종과 백색인종의 지위 평등을 꾀하기 위해서는 조선민족·일본민족·한민족이 서로 협력해야 한다면서 현명한 정치가의 출현을 고대했다. 그 내용은 대략 다음과 같다.

그렇다면 마땅히 당파를 초월한 근기根氣와 당파를 감화시킬 능력이 있어야 할 것이다. 당파에 의해 좌우되어서는 안 된다. 그래야만 현명한 정치가라고 말할 수 있다. 그러므로 일본 본토에서는 마땅히 보통선거를 실현해야 할 것이다. 같은 이유로 타이완에서도 마땅히 민선의회 설치를 인정해야 한다. 만약 그것이 가능하다면 특권계급의 전횡을 피할 수 있을 뿐만 아니라 민족의 감정을 융화시킬 수 있을 것이다. (중략) 하물며 아시아 문명을 보면 금일에도 여전히 구미에 크게 미치지 못하여 스스로 비호하기가 실로 어렵다. 백색인종 모두 스스로 우등 인종으로 자랑하고 있는 것도, 그리고 유색인종들이 항상 멸시당하는 것도 또한 여기에 원인이 있는 것은 아닐까. 유색인종이 서로 발분하여 문화의 진보를 꾀하려 하지 않으면, 결국 멸시받게 되는 것이다. 그러므로 유색인종 중에서도 조선민족·일본민족·한민족 등은 마땅히 문화를 지도할 사명을 져야 한다. 유색인종이 백색인종과 동등한 문화적 지위를 점하려 한다면, 이 세 민족이 협동해서 노력하지 않는다면, 어떻게 그 목적을 달성할 수 있겠는가. 유색인종이 진보를 바라고 백색인종에게 경시당하지 않기를 바란다면, 서로 원조해야지 결코 서로 함몰시켜서는 안 될 것이다.[88]

황청총, 왕민취안 두 사람은 와세다대학 전문부 정치경제과를 졸업한 동급생이다. 두 사람은《아세아공론》만이 아니라 거의 같은 시기에 잡지《타이완청년》에도 적극적으로 논설을 발표했다(〈표 3〉 참고).

타이완인이《아세아공론》에 기고한 경우는 결코 많지 않았지만, 당시 타이완 지식인에게 있어서《아세아공론》은 타이완총독부의 통치정책을 비판하는 매체였을 뿐만 아니라, 타이완 지식인의 정치적 주장과 요구를 표출하는 장이기도 했다.

〈표 3〉《타이완청년》과《타이완》중 왕민취안과 황청총이 집필한 글

집필자	제목	권호
왕민취안	타이완청년 발간의 취지臺灣靑年發刊之旨趣(한문)	《타이완청년》제1권 창간호, 1920년
	여자교육론女子教育論(한문)	《타이완청년》제1권 제3호, 1920년
	선각자의 천직을 논하다論先覺者之天職(한문)	《타이완청년》제1권 제4호, 1921년

집필자	제목	권호
왕민취안	타이완 교육문제에 대한 관견 臺灣敎育問題管見(한문)	《타이완청년》제3권 제4호, 1921년
	타이완 교육문제에 대한 관견 臺灣敎育問題管見(계속 한문)	《타이완청년》제3권 제5호, 1921년
	우리가 앞으로 노력해야 할 길 吾人今後當努力之道(한문)	《타이완》제4년 제1호, 1923년
황청총	보갑제도론保甲制度論(일문)	《타이완청년》제2권 제3호, 1921년
	보갑제도론保甲制度論(한문)	《타이완청년》제2권 제3호, 1921년
	타이완 교육 개조론臺灣敎育改造論(일문)	《타이완청년》제3권 제1호, 1921년
	타이완 교육 개조론臺灣敎育改造論(계속 일문)	《타이완청년》제3권 제2호, 1921년
	타이완 교육 개조론臺灣敎育改造論(한문)	《타이완청년》제3권 제2호, 1921년
	타이완 교육 개조론臺灣敎育改造論(계속 한문)	《타이완청년》제3권 제3호, 1921년
	타이완 교육 개조론臺灣敎育改造論(계속 한문)	《타이완청년》제3권 제4호, 1921년
	타이완 경제계의 위기와 그 구제 臺灣經濟界の危機と其の救濟(일문)	《타이완청년》제3권 제5호, 1921년
	타이완 경제계의 위기와 그 구제 臺灣經濟界の危機と其の救濟(계속 일문)	《타이완청년》제3권 제6호, 1921년
	연두잡감年頭雜感(일문)	《타이완청년》제4권 제1호, 1922년
	인류의 본성적 요구人類の本性的要求(일문)	《타이완》제3년 제2호, 1922년
	타이완 농회규칙의 근본적 개선을 바란다 臺灣農會規則の根本的改選を望む(일문)	《타이완》제3년 제3호, 1922년
	지나도항여권의 폐지를 바란다 支那渡航旅券を廢止を望む(일문)	《타이완》제3년 제9호, 1922년
	목양과 목민牧羊與牧民(한문)	《타이완》제4년 제2호, 1923년
	백화문 보급의 신혁명을 논하다 論普及白話文的新革命(한문)	《타이완》제4년 제1호, 1923년
	타이완평의회개조론臺灣評議會改造論((한문)	《타이완》제4년 제5호, 1923년
	사상언론의 자유를 존중하라 思想言論の自由を重ぜよ(일문)	《타이완》제4년 제7호, 1923년

출처: 《타이완청년》, 《타이완》으로부터 필자 작성.

나가며

제1차 세계대전 이후 점차 민족의식에 눈을 뜨기 시작한 도쿄 체류 타이완인 유학생이 계몽운동을 모색하는 과정에서 조선인의 협력을 얻은 사실은 부정할 수 없다. 일본의 식민지 통치하에 있던 조선인과 타이완인은 지리적 거리로 인해 좀처럼 교류할 수 없었지만, '일본 유학'을 통해 드디어 양자 접촉이 가능해진 것이다.

근대 타이완 계몽운동의 전개 과정에서 크리스트교계 일본 지식인(교회 네트워크)[89]의 지원도 중요했지만, 동시에 조선인의 자극과 협력도 무시할 수 없다. 특히 타이완인 유학생의 민족의식 각성과 타이완 통치 실태가 일본 내지에서는 그다지 보도되지 않았던 것을 생각하면, 타이완인에게《혁신시보》,《청년조선》,《아세아공론》등 조선인이 주재한 잡지는 내지 일본인에게 타이완총독부의 내지인·타이완인 차별정책의 실태를 고발할 수 있는 얼마 안 되는 매체였다.

한층 열린 지적 대화 공간을 지향한 종합월간지《아세아공론》을 보면, 타이완인 유학생은《아세아공론》이라는 지적 교류의 장을 매개로 조선인이나 다른 지역 지식인들과 직·간접적인 교류와 대화를 하게 되었고, 결국 그것이 하나의 '횡적 네트워크'를 형성하게 되었음을 알 수 있다. 이 지적 교류의 장은 타이완인 유학생에게는 아시아 또는 세계라는 커다란 틀로부터 고향 타이완을 생각할 수 있는 중요한 기회였다. 제1차 세계대전 종결 후부터 이미 100년을 헤아리는 오늘날까지도 타이완인은 여전히 내셔널 정체성 구축 문제로 계속해서 고뇌하고 있다. 오늘날 타이완인이 스스로 장래를 모색하고자 할 때, 1919년의 2.8독립선언과 3.1독립운동의 원동력을 탐구하고 그 역사적 의의를 묻는 작업은 하나의 중요한 실마리가 될 것이다.

참고문헌

『特高警察關係資料集成』第32卷(不二出版, 2004).

紀旭峰,〈大正期臺灣人留學生寄宿舍高沙寮の設置過程〉,《日本歷史》第722號(7月號)(吉川弘文館, 2008).

紀旭峰,〈近代臺灣の新世代法律靑年と政治靑年の誕生: 大正期臺灣人の「日本幼學」を手がかりに〉,《東洋文化硏究》第13號(學習院大學東洋文化硏究所, 2011).

紀旭峰,『大正期臺灣人の「日本留學」硏究』(龍溪序詞, 2012).

臺灣總督府警務局,『臺灣社會運動史』(復刻板)(龍溪書舍, 1972) (初出:『臺灣總督府警察沿革誌』第二編 領臺以後の治安狀況 中卷, 1939).

朴慶植編,『朝鮮問題資料叢書 第12卷 日本植民地下の在日朝鮮人の狀況』(アジア問題硏究所, 1990).

裵姈美,〈雜誌『亞細亞公論』と朝鮮〉,《コリア硏究》第4號(立命館大學コリア硏究センター, 2013).

小野容照,『朝鮮獨立運動と東アジア 1910~1925』(思文閣出版, 2013).

松尾尊兊,『大正デモクラシー』(岩波書店, 1974).

若林正丈,『臺灣抗日運動史 增補版』(硏文出版, 2001).

李成市 · 劉傑編著,『留學生の早稻田: 近代日本の知の接觸嶺驛』(早稻田大學出版部, 2015).

佐等飛文,「解說 白南薰について」,『明治學院力歷史資料館資料集 第8集 朝鮮半島出身留學生から見た日本と明治學院』(明治學院歷史資料館, 2011).

佐等由美,〈靑山學院の臺灣·朝鮮留學生に關する記錄 1906~1945 (Ⅲ)〉,《靑山學院大學敎育會紀要「敎育硏究」》第50號, 2006.

周婉窈(若松大祐譯),「臺灣議會設置請願運動についての再檢討」, 和田春樹·後等乾一·木畑洋一ら編集,『岩波書店 東アジア近現代通史5 新秩序の摸索 1930年代』(岩波書店, 2011).

太田雅夫, 『增補 大正デモクラシー研究: 知識人の思想と運動』(新泉社, 1990).

後藤乾一・紀旭峰・羅京洙編輯解題, 『20世紀日本のアジア關係重要硏究資料亞細亞 公論・大東公論』(復刻板・全3卷)(龍溪書舍, 2008).

ジョルダン・サンド著, 天內大樹譯, 『帝國日本の生活空間』(岩波書店, 2015).

지쉬펑紀旭峰

타이완臺灣 타이난시臺南市 출생. 동아시아근대사, 타이완·일본교류사 전공. 현재 다카사키경제대학·세이신여자대학·와세다대학 등 비상근 강사. 저서로 『大正期臺灣人の「日本留學」研究』(龍溪書舍, 2012), 주된 논문·공저서로 「大正期臺灣人留學生寄宿舍高沙寮の設置過程」《日本歷史》제722호, 2008), 「植民地臺灣からの「留學生」郭明昆: 知の構築と實踐を中心に」(『植民地帝國日本における知と勸力』(思文閣出版, 2019) 등이 있다.

동아시아 속 2.8독립선언, 그 역사적 의의

5.4운동으로부터 본 '2.8'과 '3.1'
_ 중국사 연구 시점에서

오노데라 시로 小野寺史郎

들어가며

이 책에 실린 각 글의 공통된 문제의식이나 분석 시점을 정리하면 대략 다음과 같다. 2.8독립선언을 3.1독립운동의 도화선으로 자리매김하는 데 그치지 않고 그만의 독자적인 의의를 생각할 때, 일본이나 크리스트교라는 '수단'을 매개로 운동이 준비, 전개되었다는 사실이 중요하다는 것이다. 특히 흥미로웠던 것은 오노 야스테루나 지쉬핑의 논문이다. 당시 일본에 있던 조선인 유학생과 중국인 유학생, 타이완인 유학생, 재일조선인 등의 상호 영향에 대한 검토를 통해 한편으로는 그들 사이에 연대가 모색되었으나 다른 한편으로는 어긋남이나 다른 갈래의 측면도 있었다고 그 양면성을 지적하고 있다. 이를 바탕으로 각 논문에 대해 중국 근대사 연구자의 입장에서 논평을 하고자 한다.

1 중국 근대사 연구에서 3.1독립운동과
   5.4운동의 자리매김에 대해

우선 2.8독립선언 및 3.1독립운동과 같은 해에 중국에서 일어난 5.4운동의 개요를 소개한다. 1918년 11월에 제1차 세계대전이 종결되고 1919년 1월에 파리강화회의가 시작되자, 1917년 독일, 오스트리아에 선전포고를 한 중화민국도 전승국으로서 대표단을 파견했다. 회의에서 중국대표단은 대전 중 일본이 중국에 요구했던 21개 조(산둥반도의 독일 이권을 일본에 양도할 것, 동북 3성의 일본 이권의 반환 기한을 연장할 것 등)의 유효성을 부정하고, 나아가 청말 이후 열강과 체결한 불평등조약의 개정을 요구했다. 그러나 회의 결과 베르사유조약(대독강화조약)에서는 산둥반도의 독일 이권에 대해 최종적으로는 중국으로의 반환을 전제로 하면서도 결국 일본에 양도하는 것으로 결정되었다. 중국 국내에 이 사실이 전달되자 베르사유조약의 조인 거부와 산둥 이권 회수를 요구하는 여론이 들끓었다.

5월 4일, 베이징대 학생을 비롯한 여러 학생들이 산둥 이권 회수와 함께 대일교섭을 담당하여 '친일파'로 낙인 찍힌 차오루린曹汝霖, 루쭝위陸宗輿, 장쭝샹章宗祥의 파면을 요구하며 천안문 앞에서부터 시위를 전개했다. 학생들은 미국공사관에 청원서를 제출한 후, 그대로 시내의 차오루린 집으로 몰려가 불을 지르고는 마침 그 자리에 있었던 장쭝샹을 폭행했다. 이 사건으로 현장에서 30여 명이 체포되었는데, 이후 학생들은 그들의 석방을 요구하면서 수업을 거부했다. 게다가 6월 3일 베이징대 학생 수백 명이 체포되자, 5일부터 상하이에서는 12일간 스트라이크에 돌입했다. 정부는 결국 차오루린, 장쭝샹, 루쭝위의 파면과 체포된 학생들의 석방을 결정했다. 이상이 5.4운동의 개요이다.

중국공산당 지도자 마오쩌뚱毛澤東이 쓴 〈신민주주의론新民主主義論〉
(1940) 등에서 5.4운동은 러시아혁명(1917)과 연관하여 부르주아에
의한 '구민주주의혁명'에서 프롤레타리아와 중국공산당(1921년 성립)
이 지도하는 '신민주주의혁명'으로 향하는 중국 근대 사상의 일대 전
환점으로 자리매김되었다. 그런 까닭에 전후 중화인민공화국이나 일
본의 중국 근대사 연구에서 5.4운동 연구는 처음부터 동시대 다른 지
역 운동과의 관계를 전제로 이루어졌다. 일본의 대표적인 연구로는 오
노 신지小野信爾의 논저를 들 수 있는데, 여기에서도 역시 5.4운동과
3.1독립운동, 러시아혁명, 일본의 쌀소동, 인도의 독립운동 등을 연결
하는 시점이 중시되었다.[90]

5.4운동을 오로지 다른 아시아 지역과의 연대, 제국주의 일반에 대
한 반대라는 시점으로 평가하는 견해에 대해서는 후에 반론도 제기
되었다. 적어도 5.4운동 그 자체에서는 아시아 피압박 민족 등과 연대
를 요구하는 직접적인 주장을 찾아볼 수 없고, 또 일본에 대해서는 격
렬하게 반발하면서도 (마찬가지로 중국에서 이권을 보유한) 영국이나
미국 등에 대해서는 오히려 지원을 기대하는 경향을 보였다는 이유에
서다.[91] 후에 요시자와 세이이치로吉澤誠一郎가 지적한 것처럼, 이는 당
시 중국 여론에서는 대체로 중국을 제1차 세계대전의 전승국으로 간
주했기 때문이기도 하다.[92] 예를 들어 5.4운동 때 학생 단체는 다음과
같은 주장을 펴기도 했다.

칭다오靑島를 반환하고 중일밀약, 군사협정 및 기타 불평등조약을 취소하는 것은 공리이자 정의이다. 공리에 반하여 강권을 마음대로 휘두르고, 우리 토지를 5개 국가가 공동관리하고, 우리를 독일, 오스트리아와 같은 패전국과 동렬에 두는 것은 공리도 아니고 정의도 아니다.[93]

1980년대에 일본의 중국 근대사 연구 분야에서는 5.4운동을 반제국주의 운동으로 볼 것인가, 아니면 오로지 일본을 대상으로 한 내셔널리즘 운동으로 볼 것인가를 둘러싸고 논쟁이 불거졌다.

이러한 연구사를 전제로 한다면, 당시 일본에서 조선인 유학생·중국인 유학생·타이완인 유학생·재일조선인 사이의 연대와 어긋남 쌍방을 지적하고, 나아가 2.8독립선언을 둘러싼 다양한 등장인물들의 독자성까지 드러내고자 한 오노의 논문은 반제국주의인가 아니면 내셔널리즘인가 하는 이분법을 구체적인 사례 연구를 통해 넘어서고자 한 시도였다고 평가할 수 있다.

이 점과 관련해서 3.1독립운동이 동시대 중국 측에는 어떻게 비치고 있었는가를 보여주는 흥미로운 사료가 있어 소개한다.

당시 중국에서는 천두슈陳獨秀나 후스胡適와 같은 신진 지식인들이 잡지《신청년新靑年》(1915년 창간 때 잡지명은《청년잡지》)을 거점으로 중국문화의 쇄신을 호소하면서 지식 청년이나 학생들의 지지를 모으고 있었다. 특히 제1차 세계대전 후인 1919년에는 이들에 의해 일종의 잡지 간행 붐이 일어났다(이러한 움직임을 후에 '신문화운동'이라고 불렀다). 3.1독립운동 소식이 외신 보도를 경유해서 중국에 전해지자, 이 잡지들은 일거에 3.1독립운동을 다루었다. 초기에는 3.1독립운동 평가에 일종의 편향이 있었음을 지적할 수 있다. 예를 들어 천두슈는 3.1독립운동을 다음과 같이 평했다.

이번 조선의 독립운동은 위대하고 성실하고 비장했으며 정확 명료한 이념을 가지고 민의에 의거하되 무력을 사용하지 않음으로써 세계혁명사의 신기원을 이루었다. (중략) 우리는 조선이 독립 후에도 금일의 "민의에 의거하되 무력을 사용하지 않"는 태도를 지키고, 영원히 한 사람의 병사도 동원하지 않고 한 발의 탄환도 제조하지 않음으로써, 세계 각 민족의 새로운 결합(국가라고 칭하지 않음―인용자)의 모범이 되기를 기원한다. 군국침략주의의 고통을 받은 자는 당연히 군국침략주의를 방기해야 할 것이다. 군국침략주의를 방기한 이상에는 당연히 군비를 필요로 하지 않는다. (중략) 이번에 조선에서 독립운동에 참가한 사람들 중에는 학생과 크리스트교도가 가장 많았다. 그 때문에 우리는 교육 보급의 필요를 더욱 강하게 느끼며 또한 우리는 이후 크리스트교를 경시할 수 없게 되었다. 그러나 왜 지금의 중국 학생과 크리스트교는 모두 쥐죽

은 듯이 침체해 있는 것일까.[94]

당시 베이징대학 학생이던 푸쓰니엔傅斯年 등도 다음과 같이 말했다.

이번 조선의 독립은 표면적으로 보면 힘은 약하고 성과도 거의 없고 시간도 짧았다. 그러나 내면의 정신을 보면 실은 "혁명계의 신기원을 열었다"고 말할 수 있다. 왜 그런가? 이번 조선의 독립에는 틀림없이 특수한 색채가 있다. 나는 그것이 미래의 모든 혁명운동에 세 개의 중요한 교훈을 주었다고 생각한다. 첫 번째는 비무장 혁명이라는 것이다. (중략) 두 번째는 "불가능함을 알면서도 실행한" 혁명이었다는 것이다. (중략) 세 번째는 순수한 학생혁명이었다는 것이다.[95]

현재 보는 바에 따르면, 저들의 독립 준비는 매우 주도면밀하고 거동은 매우 문명적이어서, 그로부터 조선의 혁명이 조직적이고 훈련을 거친 것임을 알 수 있다. (중략) 저들은 정의 인도를 가지고 무력 강권을 타파하는 것을 자부하고 있으며, 그 때문에 무력을 사용하지 않고 순수하게 인민의 자격으로 운동을 행한 것이다. 완전히 혁명사에 하나의 신기원을 열었다고 말할 수 있다.[96]

3.1독립운동 소식을 접한 당시 중국의 진보적 지식인들의 반응으로부터 크게 세 가지 특징을 지적할 수 있다. 첫 번째로 누구든 제일 먼저 평가하고 있는 것이 3.1독립운동의 '비폭력'적 성격이고, 두 번째는 그 운동이 "순수한 학생 혁명이었다"는 점이다.

위 인용문들에서는 '공리'와 '강권', '정의'와 '무력'을 대치시켜 놓고서는 오로지 전자가 올바르고 후자가 잘못된 것이라 하고 있다. 제1차 세계대전의 결과를 군사력의 우열이 아니라 독일의 '강권'(폭력)에 대한 (중국을 포함한) 연합국의 '공리'(정의)의 승리로 간주했던, 당시 중국 지식인 사이에서 유행했던 사고방식을 반영하는 것이다. 청년이나 학생이야말로 사회나 문화 쇄신의 원동력이라는 인식도 천두슈 등이 《신청년》에서 주장한 사고에 기초한 것이었다. 따라서 이러한 논의는 3.1독립운동의 실태를 논한 것이라기보다는 그들 자신의 이념을 3.1독립운동에 투영한 것이었다. 이는 분명 중국 지식인의 조선 '운동'에 대한 연대 표명인 동시에, 상호 간 인식 차이를 보여주는 예라고도 할 수 있다.

마지막 세 번째로 중요한 점은 3.1독립운동에 크리스트교가 큰 역할을 했다는 정보가 매우 이른 단계에서부터 중국에 전해졌다는 사실이다. 이에 대해서는 뒤에서 조금 더 상세하게 논하고자 한다.

2 근대 중국 지식인의 종교관에 대해

2.8독립선언과 3.1독립운동에서 크리스트교나 기타 종교가 중요한 역할을 했다는 일반적인 이해와는 대조적으로, 5.4운동에 관여한 중국의 진보적 지식인들은 모두 종교 전반에 냉담했다. 조금 앞선 시기 천두슈의 문장에서도 그 경향을 엿볼 수 있다.

> 내가 공교孔教(당시 전개되고 있던 크리스트교를 모델로 삼아 유교를 재구성하고자 했던 운동―인용자)를 그르다고 하는 것은 그것이 종교라서가 아닙니다. 만약 종교라고 한다면 나는 일체 모든 것을 그르다고 할 것입니다. (중략) 결코 다른 종교를 선양하기 위해 공교를 그르다고 하는 것이 아닙니다. (중략) 종교란 것은 그것이 아주 고상한 문화생활과 관계있다 하더라도, 또 사회적 가치가 크다고 하더라도, 그 근본정신은 타자에 의존하는 신앙이며 신의를 최고 명령으로 삼습니다. 그에 반해 윤리 도덕은 자기에 의존하는 각성이며 양심을 최고 명령으로 삼습니다.[97]

위 인용문에서는 청말 중국에 전해져 매우 큰 영향력을 미쳤던 사회진화론적 발상을 확인할 수 있다. '과학과 데모크라시'를 내세운 진보적 지식인들은 종교를 언젠가 도태되고 말 과거의 유물쯤으로 간주하고 있었다.

오노의 '수단으로서의 크리스트교'라는 시점이나, 당시 중요했던 것은 교회를 매개로 한 인간관계이지 크리스트교 사상이 아니었다는 마쓰타니 모토카즈의 지적은 같은 시기 조선과 중국 크리스트교에 대한 인식 차이가 어디에서 발생했는가를 이해하는 데 매우 중요한 실마리를 제공한다. 이들 연구에 따르면, 그 차이는 식민지 조선과 근대 중국에서 크리스트교나 교회가 놓인 상황이 서로 크게 달랐던 점에서 발생한 것이라고 이해할 수 있다.

오노의 논문이나 선행연구가 밝히고 있는 것처럼, 구미의 영향력이 강한 크리스트교회는 한반도에서나 도쿄에서나 모두 일본 정부의 힘이 미치기 어려운 곳으로서, 조선 지식인들이 식민지 지배에 저항하기 위한 집회나 잡지 간행을 하는 데 있어서 거점 노릇을 했다. 일본에 있던 중국인 유학생들도 마찬가지였다. 이 시기 미국이라는 뒷배를 가진 YMCA가 도쿄의 중국인 유학생들에게 중요한 활동 거점이 되었던 것을 최근 무토 히데타로武籐秀太郎의 연구 등이 강조하고 있다.[98]

그러나 중국 국내 사정은 달랐다. 중국에서는 19세기 후반 이후 불평등조약의 특권을 행사하는 교회나 외국인 선교사의 활동, 그리고 그 보호를 받고자 하는 이른바 '라이스 크리스천rice christian'의 증가가 기존 질서를 떠받드는 사람들 사이에서 위기감과 반감을 불러일으켜, '구교안仇敎案'이라고 불린 크리스트교 배척사건이 종종 발생하고 있었다. 이러한 상황에서 크리스트교는 열강의 침략 그 자체로 간주되었으며, 따라서 다른 무언가에 대한 저항 거점이 될 여지는 적었다.

이러한 상황 차이가 2.8독립선언, 3.1독립운동, 5.4운동에서 크리스트교의 위상 차이를 낳았다. 여담이지만 3.1독립운동이 3월 1일인 것은, 본래 3월 3일로 예정된 고종 국장에 모인 사람들에게 독립을 호소하려 했으나 전날인 3월 2일이 일요일이었기 때문에 그보다 하루 더 앞당긴 결과였다. 반면 5.4운동이 일어난 5월 4일은 일요일이었으며, 그것이 각국 공사관이 학생들의 청원서를 수리하지 않은 이유가 되었다. 바로 이것이 두 운동의 차이점을 보여주는 삽화라고 말할 수 있지 않을까.

3 근대 중국 지식인의 국제관계관과 민중관에 대해

배영미 글에서 논한, 당시 조선인 유학생 잡지에 보이는 파리강화회의에 대한 실망이나 민중 평가의 변화라고 할 만한 문제는 같은 시기 중국 학생이나 지식인의 인식에서도 공통점을 찾아볼 수 있다. 1919년부터 1920년대 초기 중국 지식인의 국제관계관과 민중관에 대해서는 일찍이 논문으로 정리한 적이 있다.[99] 그 내용을 비교의 예로 간단히 소개한다.

중국의 일반 사회는 사회의 실질을 거의 가지고 있지 않다. 대다수 사회는 군중에 지나지 않는다. 명실을 수반한 사회—능력을 지닌 사회, 유기체 사회—라면 반드시 치밀한 조직과 건전한 활동력을 지닌다. 단지 산산이 흩어지는 모래 알갱이와 같다면 '오합지졸'이라고 부를 수밖에 없다.[100]

앞서 살펴본 중국 지식인들의 3.1독립운동 평가에서 "준비는 매우 주도면밀하고" "거동은 매우 문명적이며" "조직적이고 훈련을 거친 것"이라는 언급은 중국 사회에 대한 중국 지식인들의 부정적 평가를 뒤집어 놓은 것이었다.

또한 제1차 세계대전 직후에는 미국 대통령 윌슨이 이른바 '14개조 연설'에서 제시한 '민족자결'에 대한 과도한 기대로부터, 전술한 바와 같이 연합국의 승리로 인해 국제사회에서도 '공리'가 실현될 것이라는 낙관적인 견해가 중국 지식인들 사이에서도 퍼져 있었다. 5.4운동은 바로 이러한 기대가 파리강화회의에서 배신당했다는 생각에서 시작했다.

5.4운동은 중국 지식인의 국제관계관과 민중관에 다양한 변화를 일으켰다. 천두슈도 민중에 대한 부정적인 견해를 버리고, 아래로부터의 자발적인 운동에서 중국 사회 변혁의 희망을 보게 되었다.

근본적인 구제 방법은 오직 "평민이 정부를 정복한다"는 것밖에 없다. 다수의 평민—학계, 상회, 농민단체, 노동자단체—이 강력한 힘을 행사해서 민주정치의 정신을 발휘하고 (중략) 다수인 평민의 명령을 소수의 정부 당국자나 국회의원으로 하여금 머리를 숙이고 듣게 하는 것이다.[101]

다만 5.4운동에 참가한 학생들이 계속해서 미국에 기대고 있었던 사실에서 알 수 있는 것처럼, 5.4운동으로 인해 그들의 국제관·민중관이 완전히 변화했던 것은 아니다. 특히 1919년 말 운동의 장기화와 함께 데모나 보이콧과 같은 수법이 한계를 보이게 되자, 중국 사회가 안고 있던 다양한 문제를 해결하기 위해서는 일시적인 운동이 아니라 위로부터 장기적인 사회 개량이 중요하다고 생각하게 되었다.

5.4운동은 앞으로의 거대한 평민운동의 최초 일보이다. 그러나 이 한 줄기 광명도 금세 운산무소雲散霧消해버렸다. 정성스럽게 '사회성'을 양성하지 않으면—곧, 책임감을 습관화하지 않으면—어쩌면 과실은 역시 숙성하기 전에 떨어져버릴 것이다. (중략) 그러므로 내가 생각하기에 중국인의 각성은 아직 용이하지만, 그 각성을 지속적으로 발전시키는 것은 매우 어렵다.[101]

중국을 방문했던 존 듀이John Dewey나 버트런드 러셀Bertrand Russell의 프래그머티즘이나 리버럴리즘이 중국 지식인과 학생의 관심을 모았던 때가 이즈음이다. 이 시기에는 청년 지식인이나 학생들이 공장이나 농촌에 들어가 일하면서 노동자나 농민을 교육하는 '공독상조단工讀相助團'이나 '신촌운동新村運動'과 같은 시도가 실제로 이루어졌다. 하지만 이런 점진적인 사회 개량의 시도는 다양한 원인으로 인해 모두 단기간에 실패로 끝났다. 그를 대신하여 영향력을 확대해갔던 것이 볼셰비즘이다. 1920년부터 《신청년》은 마르크스주의를 적극적으로 소개하기 시작했으며, 1921년 천두슈 등이 중국공산당을 결성한 후에는 그 기관지가 되었다. 소련 코민테른의 강한 영향 아래 영·미식 리버럴리즘은 완전히 부정되어야 할 존재가 되었고, 전위당에 의한 위로부터의 민중 지도가 중국을 구할 유일한 방법으로 명확하게 제시되었다.

우리는 무엇보다 군중심리를 깊이 있게 이해해서 그를 잘 이용해야만 한다. 군중은 일종의 힘이며 우리는 힘을 이용하는 사람이다. 군중은 열렬하지만 우리는 냉정해야만 한다. 군중은 단순하지만 우리는 주도면밀해야만 한다.[103]

이상과 같은 국제관계관과 민중관의 전개는 다이쇼 데모크라시에서 쇼와 초기 마르크스주의 유행으로 이행해간 동시대 일본 지식인계의 동향과 공통점이 많다. 조선이나 타이완에서 온 유학생도 마찬가지로 영향을 받고 있었을 것으로 추측되지만, 이에 대해서는 앞으로 논의를 심화해가고자 한다.

나가며

이 책에 수록된 논문들에서 개인적으로 작지만 하나의 새로운 발견이 있었음을 기록하는 것으로 맺음말을 대신하고자 한다. 지쉬펑의 글에서 다루었던 조선인 유학생 잡지《아세아공론》(1922년 5월 창간)의 표지 그림에 대해서이다. 지구를 배경으로 마주 잡은 손을 그린 이 그림은 '인류주의'를 표방한 이 잡지 표지로 어울린다 할 수 있지만, 실은 원작이 따로 있다. 이 글에서도 몇 번이나 언급한 중국 잡지《신청년》이 제8권 제1호(1920년 9월)부터 똑같은 그림을 표지로 사용하고 있다(〈그림 1〉 참고). 이시카와 요시히로石川禎浩의 연구에 따르면, 이 그림 디자인은 1910년대에 활약한 미국사회당Socialist Party of America의 심벌마크를 그대로 카피한 것이다(〈그림 2〉 참고).[104] 제목이《아세아공론》인데도 표지 그림 배경이 대서양인 점은 그 때문이다. 이는 조선인 유학생들이《아세아공론》을 창간할 때 당시 중국에서 영향력이 있

던 잡지이자 도쿄의 중국인 유학생 사이에서 유통되고 있던《신청년》
을 참고했음을 말해준다. 더 흥미로운 것은 그때 단순히 카피만 한 것
이 아니라는 점이다. 원래 미국사회당 마크에서 거칠게 접어올린 소매
에 단단히 악수하는 손은 유럽과 미국 노동자의 단결을 상징했다. 이
에 반해《아세아공론》표지의 손은 신사복 혹은 교복을 입고 소극적
으로 악수하고 있다. 명백히 지식인이나 학생, 곧 잡지 발행자 자신을
반영하여 수정한 것이다. 야마무로 신이치山室信一의 말을 빌자면, 이
또한 구미에서 중국으로, 중국에서 일본을 매개로 하여 다시 조선으
로 일종의 '사상연쇄'를 보여주는 흥미로운 사례라고 볼 수 있지 않을
까.[105]

〈그림 1〉

〈그림 2〉

참고문헌

『現代の起點 第一次世界大戰1: 世界戰爭』(岩波書店, 2014).

小野容照, 『朝鮮獨立運動と東アジア 1910−1925』(思文閣出版, 2013).

小野寺史郎, 「中國ナショナリズムと第一次世界大戰」, 山室信一·岡田曉生·小關隆·藤
　原辰史編,

長堀祐造·小川利康·竹元規人編譯, 『陳獨秀文集 1: 初期思想·文化言語論集』(平凡
　社, 2016).

오노데라 시로小野寺史郎

1982년, 이와테현岩手縣 출생. 중국 근현대사 전공. 현재 사이타마대학 대학원 인
문사회과학연구과 준교수. 저서로『國旗·國歌·國慶: ナショナリズムとシンボルの中
國近代史』(東京大學出版會, 2011), 『中國ナショナリズム: 民族と愛國の近現代史』(中央
公論新社, 2017), 공저로『中國と東部ユ―ラシアの歷史』(放送大學敎育振興會, 2020), 공·
편 역서로『陳獨秀文集 1: 初期思想·文化言語論集』(平凡社東洋文庫, 2016) 등이 있다.

제6장

3.1독립운동의 잔향
_ 재일조선인사의 시점에서

정영환鄭榮桓

들어가며_3.1독립운동의 잔향에 귀를 기울이다

　　최씨는 당시 아직 어린아이였기 때문에 부모에게 이끌려 대구공
원에 갔다. 거기에서 조금 높은 곳에 있는 정자 앞에 백의의 민중
이 넘쳐날 정도로 운집해 있던 것, 또 사람들이 국왕의 죽음을 애
도하며 곡을 하고 있던 것 등을 막연하게 기억하고 있는데, 이 대
중이 다음 순간에는 분노한 집단이 되어 독립만세를 외치면서 시
위에 나서게 되었다고 듣기는 했으나 그럼에도 그 기억은 찾을 수
가 없다고 최씨는 말했다.[106]

　　위 인용문은 역사학자 이시모다 쇼石母田正의 1952년 간행 사론집
『역사와 민족의 발견歷史と民族の發見』에 수록된 수필 「견빙을 깨는 자
堅氷をわるもの」 중 일부이다. 이 책은 속편과 함께 "이례적이라고 할 만
큼 많은 독자를 모았으며 특히 학생이나 젊은 연구자가 숙독했다"[107]
고 일컬어지는데, 그중에서도 이 에세이가 유명하다. 그렇지만 이 책을
소개하는 수많은 글들 중에서 위 인용문에 등장하는 '최씨'를 언급한
경우는 거의 찾아볼 수 없다.

　　이 수필 「견빙을 깨는 자」는 글머리에 나카노 시게나오中野重治의 시
〈비가 내리는 시나가와역雨の降る品川驛〉의 다음과 같은 마지막 시구를
인용하고 있다.

너희들은 출발한다

君らは出發する

너희들은 간다

君らは去る

안녕 신

さようなら 辛

안녕 김

さようなら 金

안녕 이

さようなら 李

안녕 여자 이

さようなら 女の李

가서 그 단단하고 두껍고 미끈한 얼음을 깨부수어

行ってあおのかたい 厚い なめらかな氷をたたきわれ

오래도록 막혀 있던 물이 용솟음치게 하시게.

ながく堰かれていた水をしてほとばしらしめよ.

　이는 이시모다 자신을 "친절하게 대해 주었던 몇몇인 신이나, 김이나, 이나, 여자 이" 곧, 그의 조선인 친구들을 회고하는 것으로 '최씨'는 그중 한 사람이었다. '견빙'이란 나카노가 말한 "그 단단하고 두껍고 미끈한 얼음"을 가리키며, 이를 '깨는 자'인 조선인의 경험으로부터 뭔가를 배우고자 한 것이 이 에세이의 취지이다. 때문에 '최씨'의 경험은 이 글의 핵심을 이룬다고 해도 좋지만, '최씨'는 안타깝게도 이시모다의 사상 형성에 배경을 이룬 한 사람의 조선인 이상의 역할을 인정받지 못했다.

　이시모다가 '최씨'에게 3.1독립운동 이야기를 들은 것은 1948년이다. '최씨'는 조선 해방 후에도 일본에서 살고 있던 재일조선인이라는 얘기다. 같은 시기 적지 않은 조선인들에게 1919년의 '3.1'[*]은 역사가 아니라 체험이었고, 당시 사람들의 애도나 통곡, 함성은 30년 가까이 지난 후에도 '잔향'으로 메아리치고 있던 것은 아닐까. 그렇다면 재일조선인과 '3.1', '2.8'의 관계를 고찰하기 위해서는 우선 해방 직후 사람들의 기억 속에 메아리쳤던 그 잔향에 귀 기울일 필요가 있다. 이 글은 필자의 이러한 가설에 근거한 한 재일조선인사 연구자의 논평이다.

---

[*] 필자가 3.1독립운동을 '3.1'로 처리한 것은(이하 '2.8'도 마찬가지) 역사적 사실로서의 3.1운동이 아니라 당대부터 해방 후까지 변동을 거듭한 인식 대상으로 다루려는 의도가 담겨 있다고 생각한다. 그것은 다양한 인식 가능성을 열어두기 위한 것이기도 하기 때문에 이 글에서는 필자의 의도를 그대로 반영하여 '3.1'로 표기한다.

1 해방 후 재일조선인의 '2.8'과 '3.1'

'3.1'이란 무엇이었을까를 계속해서 물어온 역사

나는 세계적 대운동에 중요한 역할을 맡아 연기하고 있는 듯한 기분이었으며 지복천년至福千年이 드디어 도래했다고 생각했다. 2, 3주 후 전해져온 베르사유의 배신으로 인한 쇼크는 큰 것이었다. 나 같은 사람도 마치 심장이 찢어져 튀어나올 것만 같았다. 말을 믿었던 우리 조선인은 얼마나 순진한 감격쟁이었던가.[108]

평양에서 학생으로서 3.1독립운동에 참가한 김산(장지락)은 후에 『아리랑의 노래』에서 위와 같이 회고했다. "베르사유의 배신"이란 제1차 세계대전의 강화조약인 베르사유조약에서 조선의 독립이 인정되지 않았던 것을 가리킨다. 제1차 세계대전의 전후 처리에 즈음하여, 조선 민족의 적지 않은 유력자들은 미국 윌슨 대통령이 '14개 조 평화원칙'에서 민족자결을 주창한 것에 힘을 얻어 조선 독립 또한 실현될 수 있다고 믿었다. 3.1독립운동은 애당초 이러한 국제적 조건을 시야에 넣고 계획되었던 까닭에, 전후 처리 과정에서 자결을 인정받은 영역이 동구나 발칸반도 등의 일부 지역에 그친 것을 김산은 민족자결 이념에 대한 '배신'이라고 받아들였던 것이다. 이후 그는 대국에 기

댄 독립운동이 아니라 제국주의적인 세계질서의 변혁을 위한 민족해
방운동에 나서게 된다.

3.1독립운동은 김산의 예로도 알 수 있듯이 대다수 조선독립운동
가에게 '교훈'을 남겼다. 조선독립운동 과정에서 '3.1'은 무엇이었던가
반복해서 되묻게 했다. 지금부터 그 논의의 역사를 되돌아보자.

조선독립운동 과정에서 '3.1'론은 하나로 정리되어 있지 않았다. 한
국의 조선 근대사 연구자인 지수걸池秀傑은 식민지기부터 해방 직후
까지의 '3.1'론을 크게 세 개 계보로 정리했다.[100] 첫 번째는 조선공산
당으로 결집한 사회주의자의 견해이다. 이들은 '3.1'을 부르주아에서
노동자·농민으로 주도권이 넘어간 민족해방운동의 분수령으로 간주
했다. 또한 민족대표는 토지문제를 운동의 해결과제로 설정하지 않았
다는 점에서 한계를 갖고 있고 투쟁에서도 타협적이었던 데 반해, 노
동자·농민은 전투적이었지만 조직적이지 못하고 전술이 부재했던 탓
에, 결국 3.1운동은 실패하고 말았다고 평가했다. 그리고 그로부터 노
동자·농민에 의한 전투적인 전위당이 이끄는 토지혁명이 필요하다는
'교훈'을 얻었다.[110] 이 그룹은 해방 후에도 계속 외세 의존적인 운동의
한계를 지적하면서 미국이나 제국주의와 비타협적인 투쟁의 필요성을
역설한 끝에 조선민주주의인민공화국으로 결집해갔다.[111]

두 번째는 대한민국임시정부나 비타협적 민족주의자들의 견해이다.
이들은 '3.1'을 민족의 대동단결을 보여주는 비타협적 투쟁으로 간주

했다. 독립의 의사와 애국심을 세계에 드러낸 결과 민주공화정체(=대한민국임시정부)를 수립했으며, 조선총독부가 언론·집회·결사의 자유를 부분적으로 인정하게 만들었다고 평가했다.[112] 해방 후 대한민국의 전사前史로서 긍정적으로 자리매김한 것이라고 할 수 있다.

세 번째는 민족개량론자의 견해이다. 이들은 '3.1'을 충분한 준비와 실력 없이 행해진 것으로 보고, 그로부터 문화적 실력양성운동의 필요라는 '교훈'을 이끌어냈다.[113] 이 그룹 중 이광수를 비롯한 일부 사람들은 총독정치에 협력하는 '친일파'로 전향했다.

이상으로부터 알 수 있듯이 조선독립운동에서 '3.1'에 대한 평가는 어떤 사회를 건설할 것인가라는 미래의 해방 이미지와 밀접하게 연결되어 있었다. 해방 후에는 한반도의 남북분단으로 인한 '통일'의 실현이라는 현실적인 과제까지 더해져 '3.1'을 묻는 역사는 한층 열기를 띠게 되었다.

해방 직후 재일조선인에게 있어서 '2.8'과 '3.1'

'3.1'은 지금까지 살펴본 바와 같이, 조선독립운동 과정에서 항상 되돌아보게 되는 대상이었다. '2.8'은 어땠을까. 1920년대부터 해방 직후에 걸쳐 재일조선인에게 '3.1'은 항상 상기되는 중요한 기념일이었지만, '2.8'의 존재감은 크지 않았다. 물론 '2.8'이 완전히 무시되었던 것

은 아니다. 예를 들어 해방 후 결성된 재일조선인 대학생 단체인 재일
본조선학생동맹의 관동본부 기관지인 《학동 뉴스學同ニューㅅ》는 1949
년에 다음과 같이 말했다.[114]

30년 전 재일조선 학생은 삼일운동의 주동력 중 하나였다. 우리
또한 결코 이 영광스런 선배들의 운동에 뒤지지 않는 과업을 갖고
있다. 우리 조선 학생은 항상 조국의 운명과 함께 해왔다. (중략)
조국은 다시 우리를 부르고 있다. 삼일운동의 과거를 잊지 않은
우리 학생을. 남조선의 학생은 용감히 일어나 총을 들고 있다. '이
승만 괴뢰정권의 타도!'라고.

위 논설은 조선민주주의인민공화국을 지지하고 이승만 정권에 반대
하는 학생 입장에서, 도쿄 유학생을 3.1독립운동의 '주동력'으로 높게
평가하고 있다. 이는 전술한 조선공산당계의 '3.1'론의 계보를 잇는 것
이다. 그러나 이 논설에 2.8선언에 대한 구체적인 언급은 없다.

그 이유로는 '2.8'을 주도한 학생들과 1920년대 고양기를 맞이한 재
일조선인 운동 담당자들 사이에 연속보다는 오히려 단절이 두드러진
다는 점을 들 수 있다. 예를 들어 '조선청년독립단'의 일원이던 최팔용
은 체포, 수감된 후 조선으로 돌아가 후유증으로 1922년에 사망했다.
송계백은 그보다 더 빠른 1920년에 옥사했다. 살아남은 자들도 이광

수나 김상덕이 상하이로 향했다가 그 후 조선으로 돌아온 것처럼, 혹은 김도연이 미국으로 건너갔다가 조선으로 돌아온 것처럼, 활동의 무대로 삼은 것은 고국 땅이었다. 백관수나 서춘과 같이 일본에 남은 자도 있었지만, 대학 졸업 후에는 조선으로 돌아왔다. 2.8독립선언은 재일조선인 운동이라기보다는 일본에서 행한 조선독립운동으로서의 성격이 농후했다고 말할 수 있다.

선언문 내용을 보더라도 2.8독립선언에는 재일조선인에 대한 직접적인 언급은 없다. 어디까지나 "원래 인구과잉한 조선에 무제한으로 이민을 장려하고 보조하야 토착한 오족吾族은 해외에 유리流離함을 불면不免"게 했다고 비판하는 데 그쳤다.[115] 이 점은 동시기에 염상섭 등이 '재오사카한국노동자일동在大阪韓國勞動者一同' 명의로 기초한 격문에서 "오사카에 주거하는 우리 동포만 구구한 내일의 생계를 염려하며 마음 편히 공수방관拱手傍觀하고 있는 것은 한반도 민족의 일대 수치이다"라고 오사카 조선인의 힘겨운 생활을 언급한 것과는 대조적이다. 오노의 글에서 지적한 것처럼 염상섭 등의 실천은 "일본 내 조선독립운동에서 재일조선인 운동으로의 작은 변화"라고 평가할 수 있다.[116]

그렇지만 '2.8'에서 재일조선인운동으로의 연속적인 면을 발견하기는 어렵다. 실제로 재일조선인 각 단체가 '2.8' 기념행사를 개최하는 일은 드물었다. 재일조선인을 주체로 하는 민족해방운동은 1920년대에 고양기를 맞이하여 수많은 사상단체, 노동조합이 탄생하고 사상 경향도 공산주의·무정부주의·민족주의로 다양화했지만, 3.1독립운동은 어느 단체에서도 항상 상기해야 할 조선민족해방운동의 중요한 '기념일'로 간주되었다.[117] 전시체제기를 지나 1945년 해방 후 결성된 재일본조선인연맹(이하 '조련') 등의 민족단체도 3월 1일을 기념하는 식전을 매년 개최했다. 그렇지만 '2.8'을 기념하는 시도는 내 소견으로는 찾아볼 수 없다. 물론 '2.8'을 선언서명자들의 운동으로 봉인해버려서는 안 되며, YMCA 공간을 공유했던 사람들이 그 경험을 일본 내 많은 활동 속에서 심화시켜간 흔적을 탐색하는 것도 중요한 연구과제이다. 그러나 동시에 위와 같은 이유로부터 '2.8'을 재일조선인사在日朝鮮人史와 직접 연결시키는 것도 곤란하다는 사실을 지적해둔다.

그렇다면 해방 후 재일조선인에게 있어서 1919년에 일어난 일련의 사건은 스스로와는 단절된, 그저 먼 옛날의 '역사'였을까. 필자는 이러한 파악 또한 일방적이라고 생각한다. 해방 직후 재일조선인들의 '3.1' 이야기에 귀를 기울여보자.

2 경험으로서의 3.1독립운동

김두용과 윤근의 '3.1' 경험

3.1독립운동으로부터 28년이 지난 1947년 2월, 재일조선인이 발행한 《해방신문解放新聞》에서 김두용金斗鎔은 '3.1'을 다음과 같이 되돌아보았다.[118]

나는 그때 17세였는데, 관헌 놈들은 삼일혁명 계획을 사전에 알고 있었는지, 첫날에는 아침부터 함흥 시내 전체에 비상경비선을 펴고 군대는 시내에서 광견 무리와 같이 돌아다니며 시위를 하고 있었다. 그래도 우리 동포들은 할 수 있는 것은 모두 했다. 옥상에 올라가 독립선언을 읽고, 그 아래에 운집한 다수 사람들이 만세를 외쳤다. 이때 몰려든 경관 놈들은 온갖 악랄한 방법을 동원해서 군중을 해산시키려 했다. 몽둥이로 때리고 구둣발로 차고 그랬지만, 우리는 골목길 구석으로 내몰리면서도 뒤쫓아오는 경관 놈들을 길가 도랑에 빠뜨려 죽을 정도로 패주기도 했다.

김두용은 1903년 함경남도에서 태어나 금성중학, 구제삼고舊制三高를 거쳐 도쿄제국대학에 진학, 그 후 프롤레타리아 예술운동에 참여한 비평가이자 희곡가이다. 또한 재일조선인의 노동운동, 공산주의운동에도 깊이 관여한 활동가이자 이론가이기도 했다. 몇 번의 체포와 수감을 경험하는 와중에 해방을 맞이했다. 이후에는 정치범 석방 운동을 주도하고 일본공산당 조선인부에서 정력적으로 활동했다. 위의 회고담이 게재된 당시에는 《해방신문》의 주필도 역임하고 있었다.[119]

김두용은 자신이 경험한 함흥의 3.1독립운동 모습, 그리고 그것이 어떻게 탄압되었는가 하는 이야기를 열정적으로 이어갔다. 경관에게 쫓긴 청년들은 성천 천변으로 가서 미리 묻어두었던 태극기를 들고 만세를 외치면서 시내로 향했다. 살을 에는 듯한 추위에도 아랑곳하지 않고 속옷만 입고 뛰어다니는 자도 있었다. 그런데 만세교에 도착하자 그곳에 대기하고 있던 헌병과 군대가 총검을 들고서 "개를 포획하듯이 우리를 죽이고 찔러" 사람들은 달아났다. "정말로 지금 생각해도 오싹하다"는 말로 김두용은 회고담을 매듭지었다.

《해방신문》 같은 호에는 조련중앙총본부위원장 윤근尹槿의 '3.1' 경험담도 함께 게재되었다. 윤근은 1889년 함경남도 영흥에서 태어났다. 고향에서 소학교 교원을 하다가 "착취 사회의 질곡을 견딜 수 없"어 중국 간도와 러시아 블라디보스토크로 건너가 《한인신보韓人新報》 기자로 활동했다. 숙부 윤해尹海가 "파리강화회의에 왕래했던 지사"들과 교우관계가 있었던 덕분이었다.[120]

윤근은 1919년을 중국 북간도 용정龍井(현 중화인민공화국 연변조선족자치주 용정시)에서 맞이했다.[121] 2월 중순에 근무하고 있던 명동학교明東學校(시인 윤동주의 아버지 윤영석尹永錫이 교원으로 있었고 윤동주가 1925년에 입학한 학교이다)에도 3.1독립운동 계획이 전해졌다. 운동은 이 학교를 중심으로 계획되었다. 3월 1일에는 약 5,000명의 조선인들이 시내에서 행진하며 시위를 하고 만세를 외쳤다. 일본군은 "청국(원문 그대로―인용자) 측 원병"과 함께 수백 명 병력으로 민중을 향해 발포했다. 이로 인해 약 20명이 희생되고 100명 넘게 부상을 입었다. 윤근 자신은 동지들과 몸을 피해 창춘長春을 거쳐 러시아로 넘어가 '신보촌新補村'*이라는 "조선독립당 근거지"에 도착했다. 그곳에서 "새로운 사명을 맡아" 동지들과 3월 6일 서울로 돌아왔다. 이후 윤근은 도쿄로 건너가 도쿄 간다YMCA 총무로서 활동했다.

이러한 윤근의 '3.1' 경험이 해방 후 활동에 어떠한 영향을 미쳤는지는 알 수 없지만, 힌트가 되는 사건이 있다. 조련은 1947년 치바현千葉縣 후나바시시船橋市에 '관동대진재희생동포위령비'(이하 '위령비')를 건립했다. 그 전면에는 "서력 1947년 3.1혁명기념일 준성"이라는 글자[122]가, 뒷면에는 윤근이 쓴 비문이 새겨져 있는데, 일본의 군벌관료가 "사회주의자와 우리 동포를 학살한" 것을 강하게 비판하고 있다. 이 위령비가 "비문에 학살 주체를 명기한 유일한 추도비"로 높게 평가받

---

* 블라디보스토크의 신한촌으로 추정.

는 이유이다.[123]

그런데 위령비에는 어째서 진재震災·학살의 날인 '9.1'이 아니라 '3.1 혁명기념일 준성'이라고 되어 있을까. 윤근의 개인적 경험이 어디까지 반영되었는지 이제 알 방법이 없지만, 비문을 보면 "희생 동포의 원한 은 실로 천추불멸千秋不滅"이라면서도, 그에 그치지 않고 "그러나 해방 된 우리는 세계 민주세력과 제휴하여 해내·해외의 국수적 군국주의 반동잔재세력을 박멸하고 진정한 민주조선을 건설하고 세계평화를 유 지함으로써 숙원을 설욕하기 위해 적극 투쟁할 것을 명서明誓하고 희 생 제령을 위로하기 위해 여기에 작은 비를 건립한다"고 되어 있다. 비 문은 위령에 더해 민주조선 건설과 세계평화 유지를 위한 '투쟁'에 역 점을 두었다. 따라서 '희생'의 날인 '9.1'이 아니라 '투쟁'의 원점인 '3.1' 이 선택된 것은 아닐까. '3.1'을 민족해방투쟁의 발전을 위한 투쟁의 원 점으로 간주하는 당시 재일조선인의 운동 지향성을 잘 보여준다.

이 일화들은 해방 후를 살았던 재일조선인들에게 '3.1'이란 무엇이 었던가를 생각할 때 단서를 제공해준다. 이들에게 3.1독립운동은 역 사인 동시에 하나의 경험이었다고 하는 사실이다. 내무성 통계에 따르 면 1919년 현재 재일조선인 수는 2만 6,605명이며, 해방 후와 같은 수준인 60만 명에 달하는 것은 1935년의 일이다.[124] 요컨대 해방 후 를 살았던 재일조선인 대다수는 1919년 당시 일본이 아니라 조선에 서 '3.1'을 경험한 것이다. 반대로 '2.8'의 경험자들 대부분은 전술한 바와 같이 일본에서 조선이나 중국으로 건너가 독립운동에 관여했다. 이것이 한국에서는 독립운동의 도화선으로 '2.8'을 기억하고 해방 직후 재일조선인은 주로 '3.1'을 기념하는 '기억의 교차'가 발생한 하나의 배경이다.

이시모다의 '견빙을 깨는 자'와 최성관

경험에서 비롯하는 '3.1'의 흔적을 더 많이 모아보자. 글머리에 소개한 이시모다의 「견빙을 깨는 자」는 본래 《역사평론歷史評論》(제3권 제5호(1948년 6월))에 〈견빙을 깨는 자: 조선독립운동사 만세 사건 이야기 堅氷をわるもの: 朝鮮獨立運動史萬歲事件の話〉라는 제목으로 기고된 에세이로서, 부제에 나타나 있는 것처럼 그 주제는 3.1독립운동이었다.

이시모다는 왜 이 글을 썼을까. 그의 문제의식은 다음에 단적으로 드러나 있다.[125]

우리 과거의 모든 퇴폐는 이 조선 민족에 대한 압박과 빼도 박도 못할 정도로 깊은 관련이 있다. 뿐만 아니라 전쟁 중에는 비교 대상이 없을 정도로 민족적 의식이 강하다고 생각되었으나 일단 패전하고 나서는 완전히 노예와 거지 근성으로 전화해갔던 그 특징적인 변화에서 볼 수 있는 특수한 '민족의식' 구조도 메이지 이래 타민족 압박과 관련이 있다. 민중의 마음속 깊이까지 좀먹고 있는 이 퇴폐 유산을 극복하기 위해 일본으로부터 조선의 해방은 단지 단서를 이룰 뿐이다. 이 문제는 정치적인 해방 후에 장기간에 걸친 정신적 과제로 우리에게 남겨져 있다. 그 중대한 의미를 알고 있다면, 일본 근대사의 암흑의 측면에 대한 우리의 무지와 무관심은 중대하다. 우리는 자신의 이런 검은 그림자가 너무나도 제 몸에 붙어 있는 까닭에 알아차리지 못하고 있는 것은 아닐까.

곧, 전쟁 중의 우월의식으로부터 패전 후 "노예와 거지" 의식으로 전화해버린 일본 '민족의식'의 특수 형태를, 일본의 타민족에 대한 압박과의 관련성으로부터 다시 살펴보려 했던 것이다. 그를 위해 조선민족의 해방 투쟁, 특히 3.1독립운동의 배경에 있는 민족의식을 알고자 했다.

이시모다는 이 에세이를 쓸 때 3.1독립운동 문서자료가 아니라, "삼일기념일 직후 친구인 최성관崔聖寬 씨와 오랜만에 조선에 대해 밤새 나눈" "삼일독립운동의 대강과 최씨의 소년 시절 경험담"에 의거했다.[126] 이 사람이 글머리에 언급한 '최씨'이다. 1948년 3월에 "친구인 최성관 씨"로부터 들은 '3.1'경험을 정리하고, 나아가 자신의 고찰을 더한 것이 〈견빙을 깨는 자〉였던 것이다.

최성관은 누구일까. 해방 전 경력은 분명하지 않지만 사료에 따르면

1946년부터 48년까지 '삼일정치학원三一政治學院'의 교무주임(사료에 따라서는 '학감'이라고도 한다)을 하고 있었다.[127] 삼일정치학원은 1946년 3월 15일 "신조선 건설의 초석이 될 열성적인 청년을 마르크스·레닌주의 코스로 계몽 훈련시키고자 하는" 목적에서 개교한 청년 대상 정치 교육 기관이자 일본공산당의 조선인 당원 교육 학교였다.[128] 처음에는 아라카와荒川에서 개교했으나, 그 후 간다YMCA, 도쿄도東京都 오이세키가하라초大井關原町의 조련시나가와지부朝連品川支部로 이전해서, 최종적으로는 시부야구澁谷區 토미가야초富ヶ谷町에 정착했다. 학원장은 일본공산당 중앙위원 후보 박은철朴恩哲이었다. 최성관은 박 학원장 아래에서 교무주임으로서 학원 운영의 실무를 담당했던 것으로 보인다.

최성관 역시 《해방신문》에 〈소련의 노동자와 노동조합ソ連の勞動者と勞動組合〉이라는 논설을 기고해서 "노동자의 조국"인 소련의 현상을 높이 평가했다. 그리고 소련 노동자의 행복한 생활은 노동자와 농민이 제정帝政과 싸워 민주주의혁명, 더 나아가서는 사회주의혁명을 성공시킨 결과임을 강조했다.[129] 이시모다는 마르크스주의자이자 어쩌면 일본공산당원이었던 최성관과 동지적 관계에 있었다고 추측된다.

최성관은 자신의 체험에 앞서 3.1독립운동사의 개요를 이시모다에게 말했다. 이 중 '2.8'에 대해서는 다음과 같이 정리되어 있다.[130]

이 움직임(3.1독립운동의 준비—인용자)은 우선 상하이와 도쿄 두 도시에서부터 시작된 듯하다. 강화회의에 중국도 참가시키기 위해 클레인William Kein공사가 상하이에 파견된 것을 기회로 여운형…(중략) …을 중심으로 한 상하이 체류 조선망명가들은 조선의 참가 또한 희망했다. (중략) 이때 이미 도쿄에서 독립의 봉화가 올랐다. 도쿄 체류 유학생은 간다의 크리스트교청년회관에서 독립선언을 행하였다. 선언서를 일본정부, 각국 대·공사관에 전달했다고 일컬어지는데, 그때 선언문이나 결의문 류는 현재 남아 있지 않다(밑줄—인용자).

짧지만 당시 이미 '2.8'이 독립운동의 '봉화'로서 파악되고 있었음을 알 수 있다. 또한 흥미로운 것은 선언문이 "현재 남아 있지 않다"고 되어 있는 부분이다. 1948년 당시 재일조선인들은 사건으로서의 '2.8'은 알고 있어도 선언문의 내용을 알지는 못했던 것 같다. '2.8'에 특화된 기념행사가 개최되지 못했던 이유 중 하나로, 일본에 경험자가 없는 상황에서 사실관계를 탐구할 수 있는 사료인 선언문조차도 입수할 수 없어 그 전체상을 알 수 없었던 점을 들 수 있을 것이다.

한편 최성관 자신의 '3.1' 경험은 어땠을까. 글머리 인용문에도 있는 것처럼, 최씨는 부모에게 이끌려 간 대구공원에 백의를 입은 사람들이 운집해 있던 것, 그 사람들이 국왕의 죽음을 애도하고 있던 것은 기억

했다. 그렇지만 "이 대중이 다음 순간에는 분노한 집단이 되어 독립만세를 외치면서 시위에 나서게 되었다"는 사실에 대해서는 기억하지 못한다고 말했다.[131]

최성관의 기억은 김두용에 비하면 조금 애매하다. 이시모다에 의해 정리된 최성관의 3.1운동론은 전술한 바와 같이 국내외 운동의 준비 과정으로 시작해서 당시 세계사 동향까지 언급하고 있다. 이를 통해 최성관이 친구인 이시모다에게 열변을 토했을 장면을 상상할 수 있지만, 최성관의 경험은 김두용보다도 어렸을 때인 까닭에 '투쟁'으로서의 기억은 없고 고종을 추도하는 사람들의 모습만 뇌리에 새겨져 있었던 듯하다. 이시모다는 이러한 최성관에게 "연배인 사람들에게 당시 조선 각지에서 일어났던 다양한 삽화나 사건을 계획적으로 모아둘 필요를 역설하는 동시에, 나도 어렸을 적 쌀소동에 대한 기억을 이야기했다"고 한다.[132]

이시모다는 최성관과의 대화를 통해 "조선 민중이 일어서기 위해서는 일어설 수 있을 만큼의, 압제에 의해 부패해버리지 않았던 민족의 혼"[133], 곧 '견빙을 깨는 자'가 얼마나 계승되어왔는가를 알고자 했다. 물론 이시모다는 민중이 항상 저항해왔다는 식으로 단순하게 파악하지 않았다. 뿐만 아니라 불굴의 투쟁 한편으로 "절망과 회유에서 오는 퇴폐의 측면"을 시야에 넣고 있었다.[134] 그 때문에 이시모다는 최성관이 "아리랑이나 다로지(도라지를 가리키는 것으로 생각됨—인용자)를 종전 후에는 자신도 부르지 않고 부르지 않도록 널리 권하고 있는" 사실을 언급하고 있다. 최성관의 3.1운동론은 오히려 그 후의 학습 과정에서 이론화·언어화된 것이겠지만, 이시모다가 이러한 문제의식을 갖고 있었기 때문에 최성관 자신이 3.1운동 경험으로부터 민중의 '불굴'과 '퇴폐'를 얼마나 포착하고자 했는가를 엿볼 수 있어 매우 흥미롭다.

나가며_해방 후 아시아연대의 경험

이 책의 기반이 된 본 심포지엄의 목표는 그 타이틀에도 나타나 있는 것처럼 2.8독립선언의 의의를 '동아시아'라는 공간 속에 다시 자리매김하는 데 있다. 2.8독립선언을 동시대의 "도쿄 유학생들의 민족을 넘어선 연대"(심포지엄 안내문)의 시도로 파악함으로써, 통시적인 조선 독립운동사의 문맥, 곧, 3.1독립운동의 '도화선'으로만 의의를 부여하기 쉬운 2.8독립선언의 독자성을 부각시키려는 시도이다.

본고에서 살펴본 이시모다 쇼와 최성관의 우정으로도 알 수 있는 것처럼, 해방 전후의 재일조선인 운동은 1920년대 이래 전통을 계승하여 일본의 혁신운동, 특히 일본공산당과 연대의 관계를 쌓아왔다. 한편 오노의 논문이 밝힌 중국이나 타이완과의 관계를 포함해서 아시아와의 연계 또한 해방 후 단절되었던 것은 아니다. 마지막으로 이

책의 기획 의도를 앞으로 더욱 확장해가기 위해서라도 재일조선인의 다른 아시아계 제 민족과의 연대 시도를 보여주는 1947년 '재일범아시아민족회의在日汎アジア民族會議' 경험에 대해 언급하고자 한다.

'재일범아시아민족회의'는 1947년 3월 23일부터 4월 2일까지 인도 뉴델리에서 개최된 '아시아관계회의'에 호응해서 개최되었다. 아시아관계회의의 개최 경위는 다음과 같다.[135]

제2차 세계대전 말기인 1945년 4월부터 샌프란시스코에서 개최된 '국제기구에 관한 연합국회의'에 참가한 아시아 각국 대표는 인도 대표단장 비자야 라시미 판딧Vijaya Lakshmi Pandit(네루의 여동생)에게 회의 소집을 요구했다. 네루는 이를 받아들여 판아시아 이념을 적극 수용한 회의 개최에 나섰다. 구체적으로는 1946년 4월에 인도세계문제협회(Indian Council of World Affairs, ICWA)에 회의 계획 수립을 위탁하였고, 8월에는 아시아관계회의 개최를 위해 조직위원회가 결성되었으며, 1947년 3월에는 드디어 뉴델리 푸라나 킬라Purana Qila에서 회의가 개최되었다.

아시아관계회의에 참가한 것은 28개국(아프가니스탄, 부탄, 버마, 캄보디아, 코친라오스, 실론, 중국, 이집트, 인도, 인도네시아, 이란, 조선, 말레이시아, 몽골, 네팔, 필리핀, 태국, 티벳, 터키, 베트남, 소련의 중앙아시아 8개 공화국(아르메니아, 아제르바이잔, 그루지야, 카자흐스탄, 키르기스, 타지크, 투르크멘, 우즈베키스탄) 및 팔레스티나의 유대인 대표)과 국제연합, 아랍연맹,

시드니·모스크바·런던·뉴욕의 국제문제연구소, 태평양관계연구소, 인도연구소 등의 대표자들이다. 일본은 점령군이 허가하지 않아서 대표단을 보내지 못했다. 회의에서는 ① 아시아 각국의 해방운동 비교 검토 ② 인종문제 ③ 아시아 내 이주 및 이민의 지위와 처우 ④ 식민지 경제로부터 민족경제로의 이행 ⑤ 농업 및 경제개발 ⑥ 공중위생, 영양 및 노동복지 ⑦ 문화협력 ⑧ 아시아에서 부인의 지위와 부인운동 등이 의제가 되었다.

또한 참가국 중 '조선' 대표는 미군 점령하의 남한에서 파견되었다. 처음에는 여운형이 후보였지만 건강이 좋지 못하다는 이유로 출국을 포기해야 했다.[136] 최종적으로는 하경덕河敬德(남조선입법의원 의원, 서울신문 사장), 백낙준白樂濬(연세대학교 학장), 고봉경高鳳京(군정청 부녀국장) 3명이 선발되어 뉴델리로 향했는데, 상하이에서 비행기를 갈아타지 못하면서 뉴델리에는 최종일에 도착했기 때문에 실질적인 토의에는 참가하지 못했다. 뉴델리 도착 후에도 한국 대표와 각국 대표들은 같은 '아시아'라고는 해도 서로에 대해 아는 바가 너무 적어 의사소통도 원활하지 못했다고 한다. 이러한 실정을 한국의 문학연구자 장세진은 '슬픈 아시아'라고 표현했다.[137]

그러나 시선을 '재일범아시아민족회의'로 돌리면, 그 실태는 '슬픈 아시아'라고 평가될 것이 아니었다. 불과 수년의 기간이지만 주목할 만한 활동을 남겼다. 이 회의는 역사적인 아시아관계회의에 '호응'하여

"재일본 아세아 각 민족의 항구적인 협력"을 꾀하기 위해 조련朝連을 중심으로 결성된 회의였다.[138] 연락사무소를 조련중총외무부회의실朝連中總外務部會議室에 두고,[139] 1947년 4월 5일에 '재일본아시아연락위원회'를 결성했다.[140] 중국 대표로는 강원팡甘文芳, 마차오마오馬朝茂(이상 두 사람의 출신지는 타이완이다), 조선으로부터는 조련의 은무암殷武岩, 강성재姜性哉가 참가했으며, 그 외에도 인도, 베트남, 인도네시아 대표가 참가했다. 대표로 강원팡이 선출되었고, 아시아관계회의의 결의를 구체화할 것과 아시아연락위원회를 도쿄에 설립할 것을 결정했다. 구체적인 활동으로는 인도네시아의 네덜란드에 대한 독립전쟁을 지원하거나 각국의 친선을 위한 문화제, 인도나 인도네시아의 독립축하제 등을 개최했다.[141]

이상에서 살펴본 바와 같이 해방 후 재일조선인 단체도 적극적으로 '아시아'와의 연대를 시도했다. 제2차 세계대전 후 탈식민지화를 지향한 '아시아'와의 연대와 1910−1920년대 전반 '아시아'에서의 연대운동 사이의 역사적 연속과 단절을 어떻게 파악할 것인가. 이는 과연 '슬픈 아시아'에 그친 것일까. 이들 문제에 대한 검토는 앞으로의 과제로 삼고자 한다.

참고문헌

朴慶植 編, 『在日朝鮮人關係資料集成 「戰後 篇」』 9(不二出版, 2001).

배영미, 〈도쿄지역 재일조선인의 3.1운동 기념일 투쟁의 양상과 특징: 1920년대–1940년
　　대〉, 《한국독립운동사연구》 59(독립기념관 한국독립운동사연구소, 2017).

山田昭次, 『關東大震災時の朝鮮人虐殺』(創史社, 2003).

石母田正, 『歷史と民族の發見 歷史學の方法と課題』(東京大學出版會, 1952).

奥野保男, 〈アジア關係會議について: 非同盟運動の源流にかんする一考察〉, 《東洋研究》
　　70(大東文化大學東洋研究所, 1984).

遠山茂樹, 「解說」, 『石母田正著作集』 14(岩波書店, 1989).

장세진, 『슬픈 아시아: 한국지식인들의 아시아 기행(1947–1966)』(푸른역사, 2012).

鄭榮桓, 〈金斗鎔と『プロレタリア國際主義』〉, 《在日朝鮮人史研究》 33, 2003.

鄭榮桓, 「在日朝鮮人の形成と「關東大虐殺」」, 趙景達 編, 『植民地朝鮮: その現實と解放
　　への道』(東京堂出版, 2011).

鄭榮桓, 『朝鮮獨立への隘路 在日朝鮮人の解放五年史』(法政大學出版局, 2013).

鄭榮桓, 「解放直後の在日朝鮮人運動と「關東大虐殺」問題: 震災追悼行事の檢討を中心
　　に」, 關東大震災90周年記念行事實行委員會 編, 『關東大震災 記憶の繼承: 歷史·地
　　域·運動から現在を問う』(日本經濟評論社, 2014).

지수걸, 「총론 3.1운동의 역사적 의의와 오늘의 교훈」, 한국역사연구회 역사문제연구소
　　편, 『3.1민족해방운동연구』(청년사, 1989).

ニム·ウェールズ, キム·サン 著, 松平いを子 譯, 『アリランの歌: ある朝鮮人革命家の生
　　涯』(岩波文庫, 1987).

정영환鄭榮桓

1980년, 일본 치바현千葉縣 출생. 조선근대사, 재일조선인사 전공. 현재 메이지가쿠
인대학교양교육센터 교수. 저서로 『朝鮮獨立への隘路: 在日朝鮮人の解放五年史』(法
政大學出版局, 2013), 『忘却のための「和解」: 『帝國の慰安婦』と日本の責任』(世織書房),
2016), 『いま 朝鮮半島は何を問いかけるのか: 民衆の平和と市民の役割·責任』(彩流
社, 2019) 등이, 역서로 權赫泰 저 『平和なき「平和主義」: 戰後日本の思想と運動』(法
政大學出版局, 2016), 공역서로 金東椿 저 『朝鮮戰爭の社會史: 避難·占領·虐殺』(平凡
社, 2008) 등이 있다.

종합 토론

사회

이성시

등단자

오노 야스테루, 배영미, 마쓰타니 모토카즈,
지쉬펑, 오노데라 시로, 정영환

사회(이성시) 감사합니다. 2.8독립선언의 의의를 동아시아라는 공간 속에 다시금 자리매김해야 한다는 저의 문제제기에 대해 각각의 시점으로부터 문제를 천착해주셨습니다. 그럼 우선 강연을 해주신 네 분께서는 오늘 네 개 강연*과 두 분의 코멘트**를 기반으로 각각의 입장에서 답변해주시기 바랍니다. 우선 오노 씨부터 부탁드리겠습니다.

오노 야스테루 정영환 씨, 그리고 오노데라 씨, 코멘트 감사합니다. 답변 순서가 저부터라서 답변드릴 수 없는 부분도 있을 것이라 생각합니다만, 우선 오노데라 씨 코멘트와 관련해서 답변하겠습니다. 3.1독립운동과 5.4운동의 관련성에 대해 조선사 측 연구에서는 5.4운동에 대한 영향을 반드시 언급합니다. 어떤 의미에서는 거대한 5.4운동까지 일으켰다고 하는 것이 조선사의 하나의 자랑거리가 되어 있다고 생각합니다. 한국의 독립기념관 전시를 보더라도 3.1독립운동 항목은 역시 규모가 컸습니다. 전시에서는 3.1독립운동이 세계에 영향을 미쳤다는 식으로 쓰여 있었고, 세계지도에도 한반도에서 거의 전 세계로 화살표가 표시되어 있었습니다. 세계적으로 보도된 것은 사실이기 때문에 그 화살표가 틀린 것은 아닙니다만, 이렇게 두꺼운 화살표로 표시해

---

* 1-4장.
** 5-6장.

버리면 과장일 거라고 독립기념관에 갔을 때 느꼈습니다.

5.4운동에 대해서도 거의 대략적인 내용이 쓰여 있었습니다만, 한편으로는 중국 사람들과 조선 활동가 사이의 관계는 깊이 파고든 연구가 그리 많지 않다는 인상을 받았습니다. 그것이 저에게 있어서는 오늘 심포지엄의 출발점이었다고 할 수 있습니다.

오노데라 씨는 5.4운동에 대해 어떻게 서술하고 계실까 궁금해서 저서인『중국 내셔널리즘: 민족과 애국의 근대사中國ナショナリズム: 民族と愛國の近代史』(中公新書, 2017)를 넘겨보았지만 한 글자도 언급되어 있지 않았습니다. 그렇다면 통째로 맡겨버리자는 생각으로 발표 중에 질문을 드렸던 것인데 매우 알기 쉽게 설명해 주셔서 크게 공부가 되었습니다. 저는 어느 쪽인가 하면 3.1독립운동과 5.4운동을 반제국주의운동으로 파악한 오노 신지小野信爾 선생의 연구를 읽고 있었기 때문에 조금은 그쪽으로 이끌려 있는 면이 있을 테지만, 개인적으로는 반제국주의운동과 내셔널리즘이 애당초 구별 가능할까, 생각하고 있습니다. 중국의 독자적인 내셔널리즘의 결과로서 5.4운동을 사고하는 것이 지금 주류가 되어 있는 것처럼 보이지만, 저는 내셔널리즘이란 것이 자민족만으로 형성되는 것이라기보다는 다른 민족이나 다른 국가 사람들과의 상호작용 속에서 형성되는 것이 아닌가 하는 문제의식으로부터 조선독립운동 연구를 진행하고 있습니다. 물론 중국은 역시 중국 독자의 요소가 크다고 생각하지만, 반제국주의도 그리고 내셔널리즘

도 다양한 교류 속에서 모두 연결되어 5.4운동이 일어난 것은 아닌가 하고 막연하게 추측하고 있습니다. 그러나 그것을 실증하는 것은 상당히 어려워서 저 자신의 앞으로의 과제로 삼아보고자 합니다.

《신청년》표지 그림에 대해 말씀드리겠습니다. 저는 지쉬펑 씨의 연구나, 《아세아공론》과 《신청년》의 이 삽화가 미국사회당으로부터 취한 것임을 밝힌 이시가와 요시히로 씨의 연구도 잘 읽었지만 전혀 그 사실을 눈치채지 못했습니다. 이에 대해서는 뒤에서 지쉬펑 씨께서 답변하실 것으로 생각합니다.

다음으로 정영환 씨로부터 받은 코멘트, 우선 재일조선인사로서의 시점에 대해서입니다. 저의 기조 보고에서는 마지막에 약간 억지로 재일조선인사 시점을 넣었다는 느낌이 듭니다. 재일한인역사자료관에서, 그리고 일본에서 심포지엄을 연다는 점에서 언급하지 않을 수 없었습니다. 이에 대해 재일조선인사를 전문으로 하고 계신 정영환 씨로부터 어떤 반응이 나올까 조금 긴장하고 있었는데 공감을 해주셔서 안심했습니다. 기본적으로 2.8독립선언을 주도한 유학생들의 눈이 재일조선인의 존재보다 조선의 독립에 가 있었음은 부정할 수 없는 사실입니다. 재일조선인 인구 자체는 1920년부터 30년까지 10년 사이에 대략 열 배 정도 증가합니다. 재일조선인 인구가 폭발적으로 증가하는 속에서 재일조선인의 생활이나 생활권에 크게 주목한 운동이 1920년경부터 역시 등장합니다. 2.8독립선언이 1920년대 재일조선인 노동자가 있음을 의식한 운동과 어떻게 연결되는가 하는 점도 앞으로 생각해야만 한다는 것을 깨달았습니다.

마지막으로 해방 후 이야기입니다. 다시 말해서 정영환 씨가 지적하신 제2차 세계대전 후 탈식민지화와 1910년대, 20년대 전반 아시아에서의 연대 활동 사이에 역사적 연속성을 말할 수 있는가 하는 문제입니다. 연속성을 말할 수 있는가, 곧바로 답변할 수는 없지만, 실은 이러한 연대의 사례는 오늘 이야기 이외에도 몇 가지 있습니다. 조금 더 거슬러 올라가자면 1907년에 도쿄에서 '아주화친회亞洲和親會'라는 반제국주의적 단체가 만들어졌습니다. 이 모임은 인도인 기숙사에서 만들어져 중국인이나 오스기 사카에大杉榮 등의 사회주의자, 베트남의 판보이쩌우潘佩珠가 가입해 있었고, 조선인의 경우는 적극적으로 관계하지는 않았지만 조소앙이 조금 출입했습니다. 그 후에 오늘 말씀하신 신아동맹당이 있고, 또 미국이나 유럽 쪽에서는 제1차 세계대전 종결에 대비하여 폴란드인이나 아일랜드인과 같은 서양의 식민지 제 민족이 모여 어떻게 대응할 것인가를 논의하는 회의가 미국에서 열렸습니다. 거기에는 조선인으로서 하와이를 활동 거점으로 삼고 있었던 박용만이 참가했습니다.

1920년대에 들어서는 우선 1919년에 코민테른이 성립하기 때문에 사회주의자의 횡적인 연대가 출현하는 한편 아나키스트도 등장합니다. 세계아나키스트대회라는 것이 열렸는데, 거기에 정기적으로 조선인이 참가했습니다. 그때 인연으로 한국전쟁 때 일본의 아나키스트가 조선 아나키스트에 물자를 지원했습니다. 정기적으로 이러한 연대 시도는 계속 있었습니다만, 정영환 씨도 말씀하신 것처럼 그 담당자가 분명하게 연결되지는 않는다는 문제가 있습니다. 이런 것을 어떻게 정리해갈 것인가는 저도 고민입니다. 어쩌면 그러한 세계적인 연대의 시도는 1907년 아주화친회로부터 해방 후까지도 정기적으로 계속되어 왔지만, 담당자는 계속 바뀌어 연속성이 없다고 말할 수 있겠습니다.

이에 어떻게 의미를 부여할 것인가 하는 것이 매우 어려운 부분입니다. 사례를 더 발굴하는 한편, 연대라고 해도 그 속에서 각 민족 사이에서 어떤 교류가 있었는가 하는, 각 민족의 연대의 내실까지 파고들지 않으면 정영환 씨가 제기하신 과제에는 답할 수 없을 것입니다. 앞으로의 과제로 말씀드려 죄송합니다만, 견실하게 연대 사례의 발굴과 함께 이러한 연대가 있었다는 데 그치지 않고 연대로 인해 무엇이 탄생하게 되었는지, 민족과 민족 사이에 어떠한 교류가 있었는지 보다 깊게 검토하면서, 식민지시대부터 해방 후까지 연결하는 연구가 요구되고 있음을 깨달아 새삼 어렵구나, 하는 것을 느꼈습니다. 저의 답변은 이상입니다.

사회 감사합니다. 정영환 씨가 매우 어려운 문제제기를 했는데 그에 대해 매우 성실하게 답변해 주셔서 감사합니다. 그럼 배영미 씨, 두 분의 코멘트에 답하는 형태로 의견 말씀 부탁드립니다.

  배영미 감사합니다. 보고보다도 더 훌륭한 코멘트와 과제를 제시해 주셔서 매우 당황하고 있습니다. 우선 크리스트교의 자리매김이나 관계성에 대해 앞의 보고에서 다루고 싶었지만 시간 관계상 제대로 언급하지 못하고 지나간 부분이 있기에 보충해서 말씀드리고자 합니다.

  아까 마쓰타니 씨의 보고에서 재일본조선YMCA는 종교시설이 아니다, 교회가 아니라는 말씀도 있었습니다만, 도쿄에서는 유학생들이 완전히 자유롭게는 아닐지라도 모일 수 있는 일종의 유학생회관 같은 기능을 줄곧 하고 있었습니다. 2.8독립선언까지도 그랬으며 그 이후에도 마찬가지였습니다. 불교나 천도교 등 조선 독자의 종교에서도 유학생회와 같은 기능을 하는 청년회가 만들어졌는데, 그것은 2.8독립선언 이후의 일입니다. 때문에 종교에 가입한다는 것도 그렇고 일본 도쿄에 있는 조선인 시설이라는 점에서, 통치 당국에서 그를 견제하고 있었다는 사실은 우선 말씀드릴 수 있습니다. 예컨대 2.8독립선언 이후에 기숙사를 만들어 내선융화사업을 진행할 때, 조선총독부는 YMCA 회관에서 숙박하고 있던 얼마 안 되는 유학생들의 전원 퇴거를 전제로 기숙사 사업을 추진했습니다.

  2.8독립선언 이후 체포되지 않았던 사람들 중 일본에 남아 독립운동을 하거나 이후 유학생들의 다양한 활동의 중심에 서게 되는 인물

들이 YMCA 회관에 모여 있었다고 하는 것을, 크리스트교 신자인지 여부는 차치하고라도 보충하고 싶었습니다.

오노데라 씨는 코멘트에서, 제가 소개한 《학지광》이나 《아세아공론》에 수록된 유학생들의 연설에서 보이는 세계관이나 민중관의 변화가 동시대 중국 학생이나 지식인과 공통되기도 하고 조금 다른 부분도 있다고 하셨는데, 특히 "볼셰비즘의 수용, 민중의 계몽으로부터 전위 정당에 의한 지도, 이용으로"라고 하신 부분은 매우 시기가 아래로 내려가지만 1925, 26년경부터 그러한 경향이 점점 심화됩니다. 예컨대 '학우회學友會'라는 도쿄 체류 조선인 유학생 단체가 1930년에 해체 선언을 했던 선언문 내용이 가장 그러한 변화를 선명하게 보여줍니다. 앞으로 학생들은 민중의 계몽이라든가 하나의 민족운동으로서가 아니라 세계혁명의 일환으로 전위적인 존재가 되어야만 한다는 이유에서 해체 선언을 했던 것입니다.

다음으로 정영환 씨의 코멘트, 문제제기에 대해서입니다. 저 자신도 식민지기에 조선에서 일본으로 건너온 조선인 유학생 연구를 한다고 말하지만, 실제로는 1920년대, 특히 1922년에서 1923년으로 넘어가면서 점점 이 사람이 진짜 유학생인가 하는 사람도 많이 나옵니다. 도쿄로 지역을 제한하더라도 학적은 두고 있지만 결국 활동가이거나 어떤 사람인지 알 수 없는 사람들이 많이 등장하기 때문에, 재일조선인 운동사와 유학생운동사, 또는 유학생연구라고 할 수 있는 것의 경계가 상당히 애매합니다. 경계가 애매한 것이 당연하지만 실제로 그렇게 되는 것입니다. 이는 연구하는 저의 능력 부족이기도 할 테지만, 실태가 애당초 그러했던 점이 매우 컸던 것이 아닐까, 생각합니다.

더욱이 1919년 이후, 오늘 제기하신 것처럼 1947, 48년경까지를 연결해서 생각했을 때, 우선 한반도는 차치하고라도 일본에 있던 조선인들에 의한 운동의 주체, 담당자가 어떤 사람이었는지를 구체적으로 밝힌다면 그것이 연속이었는지 단절이었는지, 혹은 공통점이 있는지 상이점이 있는지도 명확하게 드러날 것입니다. 담당자를 어떻게 정의할 것인가는 매우 복잡한 문제라서 저는 그것을 항상 어렵게 생각하고 있었습니다.

그리고 아까 오노 씨가 말씀하신 사례들을 성실하게 발굴하는 동시에, 그러한 사례가 있으니까 연속이라고 하거나 이 시기는 없었으니까 단절이라고 하는 것이 아니라, 그 시대 배경과 담당자의 시기적 특징이란 것을 성실하게 연결해갈 수밖에 없는 것은 아닐까, 생각하고 있습니다. 이상입니다. 감사합니다.

사회 감사합니다. 이어서 마쓰타니 씨 부탁드립니다.

마쓰타니 모토카즈 오노데라 씨가 중국 연구자 시점에서 5.4운동에 관여했던 것으로 보이는 지식인들의 크리스트교에 대한 견해도 여러

자료를 통해 소개해주셔서 대단히 기쁘고 또 흥미를 느끼고 있습니다. 제 생각에 크리스트교는 역시 여러 얼굴이랄까 하는 측면을 가지고 있습니다. 간단히 말하면 엘리트적 크리스트교와 대중적 크리스트교는 매우 차이가 있습니다. 엘리트적 크리스트교의 입장에서 말하자면 대중적 크리스트교는 어딘지 부족합니다. 아까 말했던 것처럼 지식에 대한 관심이 낮다고 하는 점도 그렇습니다만, 선교사라는 존재에게 조종당하면서도 아무렇지도 않은 듯이 있을 수 있다고 하는 점이 또한 그렇습니다. 다시 말해서 외국에서 유입된 서양 종교를 감사하게만 생각한다는 것입니다. 이것은 진정 자립적인, 근대적인 국민으로서 올바른 태도인가, 하는 문제의식을 지식인들은 반드시 갖고 있었습니다. 중국 지식인의 경우 그런 질문을 파고들다 보면 역시 공산주의 혁명이 아니면 안 되겠다고 생각하게 되는 겁니다. 따라서 처음에는 크리스트교에 가까웠지만 점차 공산주의로 가는 사람이 나오게 됩니다. 아까 천두슈도 크리스트교에 대해 각성을 기대하고 있었지만 결국 각성하지 않기 때문에 역시 이건 안 된다고 합니다. 그런 감정을 가진 사람이 지식인 중에는 다수 있었던 것입니다.

조선의 크리스트교도 기본적으로는 마찬가지입니다. 실은 3.1독립선언서나 2.8독립선언서의 서명 부분만으로 모두 판단할 뿐, 그 후 어떻게 되었는가를 추적하지는 않습니다. 예를 들어 제가 발표문에서는 이름을 들었습니다만, 그 중에 김창준金昌俊과 박희도, 특히 박희도가 그렇습니다. 3.1운동 직후에는 사회주의 입장에 접근해서 러시아혁명을 장려하는 듯한 내용을 쓰게 됩니다. 실제로 3.1운동 3년쯤 뒤에 출옥해서는 러시아혁명을 기념하는 것 같은 기사를 잡지에 써서 일본 관헌에 체포됩니다. 김창준은 해방 후 북조선으로 자진해서 넘어갑니다. 2.8독립선언의 경우도 아까 소개한 서춘이란 인물은 조금 사회주의적인 경향도 있었습니다. 이광수도 마찬가지입니다만, 3.1운동 후에는 일본에 회유되어 친일주의자가 되기도 하고 우여곡절이 있었습니다. 순간적으로 보면 뭔가 조금은 크리스트교 같은 것을 말하기도 하지만 그것은 긴 인생에서 여러 모색들 중 한 단계에 지나지 않습니다. 그 순간만 가지고 판단하기는 어렵습니다. 긴 기간으로 보거나 이웃인 중국이나 일본과 비교해 보면 크리스트교가 해낸 역할과 한계가 드러날 것으로 생각합니다. 그러므로 이러한 인접 분야 분들과 이야기하는 것은 매우 의미가 있습니다.

정영환 씨가 지적한 연속성에 대해 말씀드리겠습니다. 크리스트교도 사회주의와 비슷해서 역시 민족을 넘어선 연대를 매우 강조하기 때문에 인도네시아나 베트남에 관심이 높습니다. 나라를 초월하여 사귀고자 했을 때 문제가 되는 것이 식민지를 전혀 비판하지 않는 서양 선교사들과 어떻게 관계할 것인가 하는 문제입니다. 역시 서양 선교사나 크리스트교 진영에 서 있는 것은 이상합니다. 식민지에 무비판인 채로 크리스트교만 숭상하고 있으면 그것은 오히려 연대에 장애가 되고 맙니다. 결국 서양의 식민지 지배를 비판하면서도 크리스트교를 통해 연대하려면 어떻게 하면 좋을까 하는 문제에 부딪히게 되는데, 매우 어려운 문제입니다. 아시아 크리스트교 지식인의 공통된 고민이라고 할 수 있습니다. 조선이나 중국, 일본 할 것 없이 모두 공유하고 있던 문제입니다.

지금 돌이켜보면 나쁜 대응이라고 생각합니다만, 일본의 크리스트교도 중에는 아시아적 크리스트교라는 생각을 내세우는 사람도 있었습니다. 일본을 중심에 두고 서양 선교사에게는 의존하지 않는 아시아적 크리스트교도라는 것입니다. 처음에는 일본적 크리스트교라고 말했지만 머지않아 전쟁이 확대되자 아시아적 크리스트교라고 말합니다. 일종의 사기와 같은 논리입니다. 어필하는 곳이 없던 것은 아닙니다. 크리스트교도로서 독립운동을 했던 사람들 중에서도 전시 기간에는 일본인 크리스천과 함께 서양인 선교사들을 내쫓으라거나 서양의 크리스트교를 넘어선 크리스트교를 아시아에 만들고 싶다고 하는 인물이 등장합니다. 그런 사람들이 지금 친일파로 일컬어지거나 하고 있습니다. 이와 관련해서 저는 사회주의든 크리스트교든 전쟁 중에 일본이 주창했던 대동아공영권과 같이 일본의 제국주의적 틀 안에서 아시아와 연대하자고 했던 행동이나 경험으로부터 영감을 얻어, 그것을 전후 아시아와의 연대나 교류에서 되살리고자 한 사람들도 있었다고 생각합니다. 조금 불편한 진실일지도 모르겠습니다만, 전전과 전후의 아시아연대 사이에 역시 일본의 전시기 프로파간다가 일종의 중개 역할을 했던 면이 있지 않을까, 생각하고 있습니다. 이상입니다.

사회 지쉬펑 씨 부탁드립니다.

지쉬펑 우선 정영환 씨의 코멘트, 아시아에서 연대의 역사적 연속성을 말할 수 있을까 하는 문제입니다. 앞서 오노 씨도 여러 가지 구체적인 예를 들어주셨는데, 1907년 아주화친회 외에, 예를 들어 1910년대 도쿄에서의 에스페란토 운동도 하나의 '연대'라고 말할 수 있습니다. 일본의 에스페란토 운동에는 아키타 우자쿠秋田雨雀의 원조를 받은 러시아인 에로센코, 조선 출신의 박열, 그리고 타이완이나 중국에서 온 유학생도 참여하고 있었습니다. 이러한 예는 실은 이밖에도 많이 있는데, 그러한 활동 중 이러저러한 시행착오 속에서 연대도 있고 대화도 있었다고 생각합니다.

'연대'의 실질적인 의미에 대해 말하겠습니다. 아까 코멘트를 듣고서 '연대'의 의미에 대해 조금 생각할 필요가 있다고 느꼈습니다. 저는 3.1 독립운동이나 2.8독립선언에 관해서는 말하자면 문외한입니다. 당시 아시아 유학생의 교류를 '연대'라고 불러도 좋을지 자신이 없습니다. '연대'라고 하면 대등한 관계를 전제로 하는 듯하지만, 오히려 '촉발되었다' '영향을 받았다'고 하는 면이 컸던 것은 아닐까 합니다. 대등한 연대 관계가 계속 유지되었다고는 말할 수 없습니다. 애당초 타이완인은 민족의식이 뒤처져 있었다고 하는 점도 있어서, 도쿄 체류 타이완인은 선구적 위치에 있던 조선인이나 중국인으로부터 커다란 힌트를 얻거나 영향을 받거나 한 면도 있었던 것은 아닐까요. 다시 말해서 반드시 대등한 연대는 아니었다고 생각합니다.

마쓰타니 씨가 제기하신 문제입니다. 크리스트교에 대해 말하자면, 적어도 1910년대부터 20년대에 걸쳐 도쿄 체류 타이완인의 계몽운동을 보면, 크리스트교계 지식인, 그러니까 목사가 아니라 상당한 지식을 지닌 일본 크리스트교계 지식인들은 실은 유학생들 운동에 다양한 기회를 제공하거나 간접적이라도 상당히 협력적이었습니다.

이와 관련해서 연대를 생각해보면, 역시 도쿄라는 공간이 매우 중요해집니다. 문화인류학에서 말하는 'contact zone', 곧 접촉공간입니다. 전전기戰前期, 적어도 1920년대 중반 치안유지법이 공포되기까지 도쿄는 어떤 의미에서는 언론이나 정보 접촉, 교류가 어느 정도는 허용되는 공간이었습니다. 특히 대학, 교회, 기숙사가 바로 그런 공간이었습니다. 특히 기숙사는 매우 중요한 정보 교환 장소가 아니었을까 합니다.

또 오노데라 씨가 지적하신 《아세아공론》 표지에 대한 것인데, 제 생각으로는 《아세아공론》의 창간자인 류태경은 1910년에 이미 중국 대륙으로 유학했던 경험이 있기 때문에, 그곳에서 《신청년》을 읽었던

적이 있었을 것으로 생각합니다. 이러한 체험이 있어서 그가 《아세아공론》 표지를 디자인했던 것이겠지요.

《신청년》, 《아세아공론》만이 아니라 당시 유학생이 발행한 잡지나 일본 잡지의 목차를 보면 상당히 비슷한 부분이 있습니다. 이러한 잡지의 디자인도 일종의 연대이며 서로 촉발된 부분이 있었던 것은 아닐까 합니다.

5.4운동의 평가는 매우 어렵다고 생각합니다. 반제국주의인가 아니면 내셔널리즘인가, 그 경계선이 매우 애매하다고 생각하고 있기 때문입니다. 역사를 더 거슬러 올라가면 1914~15년 전후 반위안스카이운동反袁世凱運動이 있었습니다. 당시 리다자오는 반위안스카이운동에 참가해서 와세다대학에서 제적당했습니다. 5.4운동의 성격, 자리매김을 생각할 때 반드시 당시 중국 국내 정세도 살필 필요가 있습니다.

여러분도 잘 알고 계시다시피 중화민국은 1912년에 수립되었습니다만, 그 후에도 군벌의 할거 등으로 인해 수십 년간 좀처럼 국내 통일이 이루어지지 않았습니다. 중국에게는 매우 심각한 문제였습니다. 때문에 5.4운동을 생각할 때 군벌문제를 하나의 중요한 요인으로 고려할 필요가 있지 않을까 합니다. 이상입니다.

사회 감사합니다. 여러분의 답변들 속에서 중요한 키워드가 나왔다고 생각합니다. '접촉'과 '연대'입니다. 유학생이 우리들 상상 이상으로

서로 접촉하고 영향을 주고받는 관계에 있었습니다. 오노 씨 발표문에 신아동맹당 멤버가 기재되어 있습니다만, 그로부터 매우 흥미로웠던 것은 중국인·타이완인·조선인 유학생이 서로 매우 긴밀한 관계 속에서 비합법적으로 비밀결사와 같은 교류를 하고 있었다는 점입니다. 오노 씨의 말을 빌리자면 "격이 다르다"고 할까요. 중국인 유학생은 신해혁명으로 일본에 피난 차 와 있던, 중국에서 혁명을 일으키려던 사람이 건너온 것인데, 바로 그런 사람에게서 배우는 것입니다. 격이 다른 사람으로부터 이러저러한 실천적인 것을 배웁니다. 그로부터 매우 힘을 얻었던 것은 아닐까요. 그 멤버 명단에 2.8독립선언에 직접 관계했던 사람이 등장합니다. 그리고 세계를 상대로 발신합니다. 독립선언문은 조선어만이 아니라 영어로도, 일본어로도 작성되었으며 일본 주재 각 대사관에 전해져 세계를 상대로 호소합니다. 이 대담한 행동은 역시 중국에서 단련된 사람들에게서 많은 것을 배운 것이 아닐까 합니다. 저는 대학에서도 유학생 연구회를 하고 있는데요. 도쿄에서 민족이나 언어를 넘어서 다양한 연대와 접촉을 하면서 배우는 것은 하나의 언어 속에 갇혀 있는 사람의 경우 좀처럼 알 수 없는 부분일 것입니다.

정영환 씨로부터 매우 어려운 문제가 제기되었습니다. 연대가 시간적 연속성을 가지고 있을까 하는 점입니다. 예를 들어 《아세아공론》이라는 잡지가 있습니다. 매우 흥미로운 잡지인데요. 어떤 의미에서는 동아시아의 인터내셔널이라고 할까요. 조선어, 중국어, 일본어, 어느 언어로 발표해도 상관없다고 하는 이 잡지를 1922년에 조선인 유학생 류태경이란 인물이 간행합니다. 아까 코멘트에도 있었던 것처럼 류태경은 일본에 오기 전 중국 유학 경험이 있었습니다. 일본에서 이런 잡지를 만들어서 불을 붙여 놓고 자신은 미국으로 건너가 유학 생활을 이어갑니다. 여러 가지 면에서 매우 흥미로운 활동을 펼친 이런 유학생이 있었습니다.

지쉬펑 씨는 이 흥미로운 잡지 《아세아공론》을 전부 모으는 작업을 하고 계신데, 말하자면 오래도록 잊혔던 잡지입니다. 제가 말씀드리고 싶은 것은 사실의 발굴도 중요하지만 의미의 발견이라고 할까요. 접촉과 연대가 있었음에도 그 사실은 잊혀 있었습니다. 접촉과 연대의 의미를 발견하게 되면 사실의 발굴은 뒤좇아오게 되는 것은 아닐까요. 우리는 그다지 의미를 발견하지 못했던 동아시아 연대와 접촉이지만, 유학생들은 간단하게 국경을 넘어 버립니다. 일본어를 통해 여러 가지 정보를 입수합니다. 이런 부분을 보지 않으면 2.8독립선언에 관계했던 사람들의 의의는 보이지 않을 것이라는 인상을 강하게 받았습니다.

사회자 입장에서 제멋대로 말씀을 드렸습니다. 이와 관련해 의견이 있으시다면 부탁드리겠습니다. 학술적인 논의를 하는 장이기도 하지만 플로어에 계신 분들에게도 전달될 수 있는 말이 필요하다고 생각해서 굳이 개인적인 감상을 말씀드렸습니다.

정영환 발표자 여러분의 답변 감사드립니다. 저 자신도 도저히 답할 수 없는 질문을 다른 분께 하는 '야만'적인 일을 해버렸습니다. 답변을 들으면서 들었던 생각 중 하나는 언어 문제입니다. 오노 씨도 언급하셨습니다만 무슨 말로 대화했는가 하는 문제입니다. 그 당시는 어쩌면 일본어였을 것이라고 생각합니다. 일본어로 매개된 연대나 대화를 넘어서려는 움직임으로 아까 에스페란토에 대한 지적이 있으셨기 때문에 보충하고자 합니다. 1947년 범아시아관계회의의 서기를 담당했던 재일본조선인연맹의 은무암殷武巖이란 인물은 에스페란티스트였습니다. 그는 식민지기에 덴마크공사관에서 일하면서 라틴어, 프랑스어를 공부하고 영어도 가능해서 에스페란티스트가 되어갔습니다. 일본어를 넘어선 또 하나의 매개 루트를 구했던 사례라고 생각합니다. 1910년대부터 줄곧 아시아연대가 이어져왔다고 말하기는 어려울 테지만, 그를 위한 루트라든가 사상도 그렇습니다만, 크리스트교라든가 그런 매개를 통한 루트의 연속성에 대해 생각해볼 필요가 있을 것 같습니다. 다시 한번 감사드립니다.

사회 지금 정영환 씨가 말씀하신, 어떤 언어를 매개로 그들은 소통했을까 하는 점은 직접 오노 씨에게 설명을 듣는 쪽이 나을 것 같습니다. 아까 언급하신 중국인·타이완인·조선인 학생들로 이루어진 신아동맹당에서 어떤 조선인들은 중국어가 능숙해서 중국어를 매개로

서로 소통을 꾀하기도 했다는 말씀이셨는데요. 어떻습니까?

오노 야스테루 일본 유학 중 외국어학교에서 중국어를 배운 조선인 유학생이 중심이 되어 조선인 측과 중국인 측을 연결해왔다는 경위가 있습니다. 기본적으로는 중국어로 회화를 하고, 중국어를 배운 유학생이 하나하나 통역해서 주위에 전달하는 방식이었습니다.

이와 관련해서 좀 더 논의가 활발해질 수 있도록 한 가지, 저 자신에 대한 경계警戒도 포함해서 말씀드립니다. 연대 이야기가 계속 나오고 있는데 결코 연대가 있었다고 해서 반드시 훌륭한 일이 되는 것은 아니라는 점입니다. 예를 들어 신아동맹당의 경우 신해혁명 경험자들이 동료였던 쑹자오런이 위안스카이에게 암살당한 일로 인해 신변의 위험을 느껴 유학이란 형태로 일본으로 망명해서 함께 활동하게 됩니다. 분명 활동가로서의 격이 다르기 때문에 중국인이 주도하게 됩니다. 한편 신아동맹당과 인연이 있던 리다자오는 같은 시기에 신아시아주의라는 논설을 중국에서 발표합니다. 거기에서 아시아는 중국인이 중심이 되어 이끌어가야 가장 잘 될 수 있다고 말합니다. 2년 뒤에는 조금은 온화한 느낌으로 고쳐 말하지만 연대라고 했을 때 역시 어느 쪽인가에 중심을 두게 마련입니다.

언어적 의미에서 그런 중심을 제거하기 위해 만들어진 것이 에스페란토어입니다. 특히 아나키스트의 국제적인 모임에서 에스페란토어가

즐겨 사용되었다는 사실로부터도, 특정의 누군가나 특정 민족에게 권위를 부여하는 것을 부정하는 사고방식으로부터 에스페란토어가 활용되었음을 알 수 있습니다. 성공한 듯이 보이는 2.8독립선언에서 중요한 역할을 한 신아동맹당을 보더라도 중국인 측은 역시 중국이야말로 중심이라는 의식이 있었습니다. 이후 전시기에 등장하는 대동아공영권이라든가 동아신질서보다 나을지는 모르겠습니다만, 연대 속에 중심이 필요하다, 있다, 두어야 한다는 부분에서는 공통됩니다. 하지만 연대했다고 곧 훌륭한 일이 되지는 않는다는 것입니다. 조선인과 타이완인의 연대에 대해 말하자면, 제가 자치와 독립 지향의 차이에 대해 주목하고 있는 것도 같은 일본 식민지이기 때문에 사이좋게 지내자는 것은 결코 아니며, 애당초 지향하는 바가 다르기 때문에 서로 반드시 이해할 수 있는 것도 아님을 항상 염두에 두면서 이런 연구를 해야 한다는 것입니다.

좀 더 말씀드리자면, 타이완은 섬이기 때문에 경찰에 쫓기게 되었을 때 도망갈 곳이 없어 제노사이드를 당할 가능성이 있습니다. 한반도는 압록강을 건너면 도망갈 수 있습니다. 과격한 일을 타이완 쪽에서는 기꺼워하지 않지만, 조선의 경우 도망갈 곳이 있기에 좀 더 과감하게 나서자는 발상으로 논의가 이어져 그 지점에서 분열하는 경우도 후에 나오게 됩니다. 그러므로 연대 사례를 발굴해서 연대가 있었다는 것으로 결코 만족해서는 안 되며, 그 연대가 있음으로 인해 후에 어떤 변화가 있었는가를 중시해야 합니다. 정영환 씨가 말씀해주신 1947년 사례도 그렇습니다만, 그러한 역사를 함께 생각해갈 필요가 있습니다.

사회 감사합니다. 심포지엄을 잘 마무리하기 위해 예정 조화적으로 '연대'라는, 뭔가 듣기에 좋은 정도로 정리하고자 했습니다만, 보기 좋게 실패하고 말았습니다. 여러분에게는 오랜 시간 심포지엄에 참여해주셔서 감사하다는 말씀드립니다. 10분 정도밖에 남지 않았는데요. 오늘 등단자에게 이것만은 꼭 듣고 싶다는 분 계시면 손을 들고 발언해주시기 바랍니다.

질의자1 배영미 씨에게 질문하고 싶습니다. 1919년이니까 한반도에서 유학생이 오기 시작한 때로부터 대략 30여 년이 경과한 시기라고 생각합니다. 당시 도쿄에 유학하고 있던 유학생의 출신 계층이랄까 가정환경이랄까, 조선에서 어떤 환경에서 자란 사람들이 유학을 왔는지 궁금합니다.

배영미 질문 감사합니다. 간단하게 말씀드리면 그를 정확하게 알 수 있는 자료는 거의 없습니다. 추측하건대 1919년 당시 도쿄에 있던 유학생은 육백 수십 명입니다. 그중에서 50명 전후가 관비 유학, 조선총독부로부터 장학금을 받아서 온 사람으로 1할이 조금 안 됩니다. 나

머지 9할은 사비 유학생입니다. 출신 지방은 역시 영남, 경상남북도나 수도권인 경기도에서 온 사람이 많습니다. 1910년대에 고학생은 그렇게 많지 않았습니다. 생계를 자신이 해결해야 하는 일이 크게 문제가 되는 것은 1920년대 중반 이후의 일입니다. 정리하면 1910년대에는 어느 정도 경제력을 가지고서, 집안의 일꾼 역할을 하는 것은 거의 남학생이기 때문에, 물론 여학생도 있기는 합니다만, 중요한 일꾼인 아들을 유학 보낼 수 있는 경제력이 있든지, 아니면 아들이 집에 없더라도 가계를 꾸려나갈 수 있는 집안이 아니면 유학을 올 수는 없었다고 생각합니다.

그건 고학생도 마찬가지입니다. 학비, 생활비는 자신이 번다고 하더라도 가족을 부양할 필요가 있는 집안의 아들이나 딸은 유학할 수 없기 때문에, 아무리 고학생이라고 해도 심각한 빈농 출신일 수는 없습니다.

질의자2 교토에서 온 정우종鄭祐宗입니다. 3.1독립운동을 생각할 때 역시 운동의 목적이 중요하다고 생각합니다. 2.8독립선언이든 3.1독립운동이든 역시 목적은, 특히 3.1독립선언서에 쓰여 있는 것처럼, 조선이 자유국이라는 것, 조선인이 일종의 국민이라고 하는, 이제부터 독립하겠다고 선언하는 것이 아니라 자신들이 자유의 나라이며 일종의 국민이라고 선언하는 것이라고 생각합니다. 그 고유의 문맥이 연대 속에서 항상 흐려지는 측면이 있는 것 같습니다.

그 점에서 오노데라 선생에게 질문하고 싶은데요. 연대는 아니지만, 중국의 진보적 지식인의 반응이라는 부분에서, 저는 이를 보면 매우 조선을 멸시한다고 할까, 조선에 대해 항상 잘 알지 못하고 있는 것처럼 느낍니다. 확실히 일본 당국자가 조선에 대해 전혀 이해하지 못하고 있었다는 것도 알 수 있지만, 중국 지식인의 조선 인식이란 것이 어땠는지에 대해 여쭙고 싶습니다.

오노데라 시로 질문 감사합니다. 지적하신 부분은 완전히 말씀하신 대로입니다. 역시 조금 뒤에 중국에서 마르크스주의, 공산주의가 유입되고 민족자결 이야기가 들어오자 평등주의적인 사고방식이 퍼지게 됩니다. 아까 오노 씨도 조금 언급하셨는데 리다자오라는 인물, 중국공산당의 초기 지도자입니다만, 신아시아주의에서 중국 중심적 냄새가 난다는 것은 완전히 지적하신 대로입니다. 일본인이 조선의 상황을 알지 못했던 것과 마찬가지로 당시 중국 지식인도 조선에 대해 제대로 알지 못했던 것이 아닌가, 완전히 동의합니다. 그렇기 때문에 저는 연대도 그렇습니다만, 오늘 보고에서 연대의 면과 어긋나는 면, 공통점과 동시에 다른 한편으로는 상이점도 있었다는 부분에 주목하고 있었는데, 그 점 오늘 여러 이야기를 듣고서 저도 크게 공부가 되었습니다. 답변이 되었을까요?

질의자3 매우 감사드립니다. 여러분은 연구자이기 때문에 너무 현실 이야기를 하면 곤란하실지도 모르고 화를 내실지도 모르겠습니다. 저는 아사히신문 서울지국장을 했던 오다가와 코小田川興라고 합니다. 2.8독립선언, 3.1독립운동으로부터 100년이 지난 지금부터 다음 100년이 궁금해집니다. 오늘 여러분이 말씀하신 중국, 타이완, 한국, 조선과의 역사와 연구 실적이 매우 참고가 되었습니다. 그러나 현재 눈앞에 전개되고 있는 동아시아의 격동을 여러 가지로 생각했을 때, 연구로부터 한 발 벗어날지도 모르겠습니다만, 앞으로 100년을 향해 자신의 연구를 이런 형태로 살리고 싶다고 하시는 부분이 있으면 아무쪼록 청해 듣고 싶습니다. 특히 소용돌이 속 북조선, 정영환 선생님, 그리고 식민지하 신사 등도 연구하신 마쓰타니 선생님께 짧더라도 이야기를 듣고 싶습니다.

정영환 감사합니다. 이런 이야기는 하지 않으려고 생각하고 있었습니다만, 제가 이런 자리에서 이야기를 할 수 있는 것 자체도 남북조선의 화해의 진전, 조미朝美관계의 진전과 관계가 없지 않다고 개인적으로는 생각하고 있습니다. 저도 12년 만에 작년에 한국을 방문할 수 있었습니다. 저는 학술만이 아니라 현실에도 관심이 큰 편이라서 매우 기쁘게 생각하고 있습니다.

저로서는 현재의 조미관계도 포함해서 역시 3.1독립운동의 역사적 경험으로부터 무엇을 배울 수 있을까 다시 한번 돌이켜 생각할 계기로 삼았으면 합니다. 『아리랑의 노래』에는 김산이라고 하는, 중국공산당 하에서 조선 민족을 위해 싸운 혁명가가 젊은 시절 3.1독립운동을 평양에서 맞이했던 일에 관한 기술이 나옵니다. 그는 '베르사유의 배신'을 비판합니다. 파리강화회의에 기대를 걸었지만 민족자결이 배신당했다. 제1차 세계대전 후 3.1독립운동으로 표출되었던 기대가 국제체제의 제국주의적 재편 속에 배신당하는 바람에 조선민족의 독립 호소가 뒤로 미루어졌다. 그런데 1945년, 48년에도 분단이라는 형태로 또다시 뒤로 미루어졌습니다. 이처럼 국제사회 전체가 조선민족의 자결을 계속 억압하고 있는 듯한 상황이 100년간 이어져왔습니다. 이 상황을 어떻게 타파해서 한반도의 평화나 통일도 포함한 독립으로 이어갈 것인가 하는 것에 자양분이 될 수 있도록, 저는 아까 연대 이야기를 소개했습니다. 물론 여러 가지 측면이 있습니다만, 이러한 국제관계, 제국주의적 국제 구조 그 자체를 문제시하면서 이를 바꾸려고 투쟁하거나 모색·관찰한 사람들의 기록을 발굴해낼 수 있다면 그것이 앞으로 100년을 전망할 수 있는 자산이 되는 것은 아닌가 기대하고 싶습니다.

정말 작은 사례입니다만, 1947년 뉴델리 회의를 맞이해서 인도네시아 독립을 모두가 돕자며 히비야에 모인 사람들의 움직임을, 아까 이성시 선생님께서 말씀하신, 의미의 발견을 통해서 구체적인 사실을 더욱 발굴해간다고 하는, 이 의미와 사실의 왕복운동을 통해 현상과 앞으로 100년의 전망, 단순히 아시아라기보다는 반제국주의라든가 억압이 없는 세계, 이러한 것을 꿈꾸는 사람을 연구해서 밝혀나간다고 하는 것도 의미가 있는 것이 아닌가 저 자신은 생각하고 있습니다.

마쓰타기 모토카즈 정말 어렵습니다. 연구에 비유해서 말하자면, 저는 저 자신의 연구는 세상의 정치에 휩쓸리지 않는 것이 중요하다고 생각하고 있습니다. 말하자면, 3.1독립운동을 남북 동시에 기념하는 일은 정치행사로서는 관계가 없습니다. 하지만 진지하게 역사를 생각하면, 예를 들어 크리스트교가 일정 정도의 역할을 한 이상 그렇다면 크리스트교를 북조선에서 인정하고 있는가, YMCA가 있는가를 묻지 않으면 안 됩니다. 실제로는 인정받지 못하고 있습니다. 역으로 박해해왔다는 것이 사실입니다. 크리스트교이기 때문에 피해를 받은 사람이 역사상 있음에도 불구하고 그런 것은 거의 논의되는 일 없이 3.1독립운동을 공동으로 기념하게 된다면 역시 어려운 문제가 반드시 나올 것이라고 생각합니다. 대단하다고 말하는 것은 아니지만, 저와 같이 세세한 것이라든가 당시 상황에서의 고민과 갈등, 분열될 것 같은 처지에 있던 사람들의 일들을 추·체험적으로 좇다보면, 지금 세상의 정치 감각과는 전혀 다른 것을 알 수 있기 때문에, 안이하게 역사적인 사례를 가지고 현재에 연결시키는 것과 같은 일은 하고 싶지 않습니다. 저의 연구를 가리켜 아마도 잠음과 같이 쓸데없는 일들을 끄집어 내다고 말할 수도 있지만 그건 어쩔 수 없는 일이겠지요. 당시도 의견 대립은 있었고, 지금도 그러합니다. 그를 이해한 위에 어떻게 할 것인가를 생각해야지 숨겨야 할 것은 아니라고 생각합니다.

사회 감사합니다. 논의는 아직 진행 중입니다만 슬슬 정리하고자 합니다. 오늘은 재일한인역사자료관 주최로 2.8독립선언, 3.1독립운동에 관한 심포지엄을 개최했습니다. 이러한 기획은 한국에서는 어쩌면 100주년을 기념해서 수십 회나 이루어질 것이고, 일본에서도 앞으로 몇 번이나 만들어질 것이라고 생각합니다. 그렇지만 저로서는 재일한인역사자료관다운 문제 제기가 가능한 기획을 하고자 했고, 등단자 여러분은 그에 기대 이상으로 응답해주셨습니다. 등단자 여러분에게 감사 말씀드립니다. 그리고 여러분 아무쪼록 앞으로도 새롭고 자유로운 시점에서 공동연구를 진행해갔으면 합니다. 오늘 감사했습니다.

권말 자료

- 2.8독립선언문의 조선어판, 일본어판, 중국어판, 영어판을 수록했다.
- 조선어판은 한국독립기념관 소장의 원본을 기초로 했다.
- 일본어판은 일본국외무성외교사료관에 소장되어 있는 외무성기록(다이쇼 8년 1월부터 3월까지)「不逞團關係雜件 朝鮮人ノ部 在內地 三」(이광수의 수고手稿 등사쇄謄寫刷)에 의거했으며 일부 한자 독음을 표기했다.
- 중국어판은 1920년에 이광수가 상하이에서 편집한 잡지《신한청년》창간호(1920년 3월)에 게재된 것(『海外の獨立運動史料(Ⅶ) 中國編③』(국가보훈처, 1993) 수록 사진판)이다.
- 영어판은 호놀룰루에서 1919년 4월에 간행된 *True Facts of the Korean Uprising and the Text of the Declaration of Independence, etc.* 라는 책자에 수록된 선언문의 영어 번역문으로, 이번에 한국독립기념관으로부터 사진 자료를 제공받았다. 이광수가 작성한 영어판 선언서 원본은 발견하지 못했다. 따라서 이 책자에 수록된 영어판 선언문이 이광수가 작성한 것과 동일한 것인지, 아니면 다른 누군가가 조선어판이나 일본어판 선언문을 영역한 것인지는 분명하지 않다.

2.8독립선언서 _ 조선어판

全朝鮮靑年獨立團은 我二千萬朝鮮民族을 代表하야 正義와 自由의 勝利를 得한 世界萬國의 前에 獨立을 期成하기를 宣言하노라.

四千三百年의 長久한 歷史를 有한 吾族은 實로 世界最古 文明 民族의 一이라. 비록 有時乎 支那의 正朔을 奉한 事는 有하엿으나 此는 朝鮮皇室과 支那皇室과의 形式的外交關係에 不過하엿고 朝鮮은 恒常 吾族의 朝鮮이오 一次도 統一한 國家를 失하고 異族의 實質的支配를 受한 事 無하도다. 日本은 朝鮮이 日本과 脣齒의 關係가 有함을 自覺함이라 하야 一千八百九十五年 日淸戰爭의 結果로 日本이 韓國의 獨立을 率先承認하엿고 英·米·法·德·俄等 諸國도 獨立을 承認할뿐더러 此를 保全하기를 約束하엿도다. 韓國은 그 恩義를 感하야 銳意로 諸般改革과 國力의 充實을 圖하엿도다. 當時 俄國의 勢力이 南下하야 東洋의 平和와 韓國의 安寧을 威脅할새 日本은 韓國과 攻守同盟을 締結하야 日俄戰爭을 開하니 東洋의 平和와 韓國의 獨立保全은 實로 此同盟의 主旨와 韓國은 더욱 그 好誼에 感하여 陸海軍의 作戰上 援助는 不能하엿으나 主權의 威嚴까지 犧牲하야 可能한 온갓 義務를 다 하야써 東洋平和와 韓國獨立의 兩大目的을 追求하엿도다. 及其 戰爭이 終結되고 當時 米國 大統領 루쓰별트氏의 仲裁로 日俄間에 講和會議 開設될새 日本은 同盟

國인 韓國의 參加를 不許하고 日俄 兩國 代表者間에 任意로 日本의 韓國에 對한 宗主權을 議定하엿으며 日本은 優越한 兵力을 待하고 韓國의 獨立을 保全한다는 舊約을 違反하야 暗弱한 當時 韓國 皇帝와 그 政府를 威脅하고 欺罔하야 「國力의 充實함이 足히 獨立을 得할 만한 時期까지라」는 條件으로 韓國의 外交權을 奪하야 此를 日本의 保護國을 作하야 韓國으로 하야곰 直接으로 世界列國과 交涉할 道를 斷하고 因하야 「相當한 時期까지라」는 條件으로 司法・警察權을 奪하고 更히 「徵兵令 實施까지라」는 條件으로 軍隊를 解散하며 民間의 武器를 押收하고 日本軍隊와 憲兵警察를 各地에 遍置하며 甚至에 皇宮의 警備까지 日本警察을 使用하고 如此히 하야 韓國으로 하여곰 全혀 無抵抗者를 作한 後에 多少 明哲의 稱이 有한 韓國 皇帝를 放逐하고 皇太子를 擁立하고 日本의 走狗로 所謂 合倂內閣을 組織하야 秘密과 武力에 裏에서 合倂條約을 締結하니 玆에 吾族은 建國 以來 半萬年에 自己를 指導하고 援助하노라 하는 友邦의 軍國的 野心에 犧牲되엿도다.

實로 日本은 韓國에 對한 行爲는 詐欺와 暴力에서 出한 것이니 實로 如此히 偉大한 詐欺의 成功은 世界興亡史上에 特筆할 人類의 大辱恥辱이라 하노라.

保護條約을 締結할 時에 皇帝와 賊臣 안인 幾個大臣들은 모든 反抗手段을 다하얏고 發表後에도 全國民은 赤手로 可能한 온갓 反

抗을 다하얏으며 司法·警察權의 被奪과 軍隊解散時에도 然하얏고 合併時를 當하야는 手中에 寸鐵이 無함을 不拘하고 可能한 온갓 反抗運動을 다하다가 精銳한 日本武器에 犧牲이 된 者이 不知其數며 以來 十年間 獨立을 恢復하랴는 運動으로 犧牲된 者이 數十萬이며 慘酷한 憲兵政治下에 手足과 口舌의 箝制를 受하면서도 曾히 獨立運動이 絶한 적이 업나니 此로 觀하여도 日韓合併이 朝鮮民族의 意思가 아님을 可知할지라. 如此히 吾族은 日本軍國主義的 野心의 詐欺暴力下에 吾族의 意思에 反하는 運命을 當하얏으니 正義로 世界를 改造하는 比時에 當然히 匡正을 世界에 求할 權利가 有하며 또 世界改造에 主人되는 米와 英은 保護와 合併을 率先承認한 理由로 此時에 過去의 舊惡을 贖할 義務가 有하다 하노라.

또 合併以來 日本의 朝鮮統治政策을 보건대 合併時의 宣言에 反하야 吾族의 幸福과 利益을 無視하고 征服者가 被征服者의게 對하는 古代의 非人道的 政策을 應用하야 吾族에게는 參政權, 集會結社의 自由, 言論出版의 自由를 不許하며 甚至에 信敎의 自由, 企業의 自由까지도 不少히 拘束하며 行政·司法·警察等 諸機關이 朝鮮民族의 人權을 侵害하며 公私에 吾族과 日本人間에 優劣의 差別을 設하며 日本人에 比하야 劣等한 敎育을 施하야써 吾族으로 하야곰 永遠히 日本人의 被使役者를 成하게 하며 歷史를 改造하여 吾族의 神聖한 歷史的, 民族的 傳統과 威嚴을 破壞하고 凌侮하며 小數의 官

吏를 除한 外에 政府의 諸機關과 交通·通信·兵備 諸機關에 全部 或은 大部分 日本人만 使用하야 吾族으로 하여곰 永遠히 國家生活 의 智能과 經驗을 得할 機會를 不得케 하니 吾族은 決코 如此한 武斷專制 不正不平等한 政治下에서 生存과 發展을 享受키 不能한지라. 그 뿐더러 元來 人口過剩한 朝鮮에 無制限으로 移民을 獎勵 하고 補助하야 土着한 吾族은 海外에 流離함을 不免하며 國家의 諸 機關은 勿論이오 私設의 諸機關에까지 日本人을 使用하여 一邊 朝鮮人으로 職業을 失케 하며 一邊 朝鮮人의 富를 日本으로 流出케 하고 商工業에 日本人의게는 特殊한 便益을 與하야 朝鮮人으로 하야곰 産業的發興의 機會를 失케 하도다. 如此히 何方面으로 觀하 야도 吾族과 日本人과의 利害를 互相 背馳하며 背馳하면 그 害를 受하는 者는 吾族이니 吾族은 生存의 權利를 爲하야 獨立을 主張하 노라.

最後에 東洋平和의 見地로 보건대 그 威脅者이던 俄國은 이의 軍 國主義的 野心을 抛棄하고 正義와 自由와 博愛를 基礎로 한 新國 家를 建設하랴고 하는 中이며 中華民國도 亦然하며 兼하야 此次 國 際聯盟이 實現되면 다시 軍國主義的 侵畧을 敢行할 强國이 無할 것 이라. 그러할진대 韓國을 合併한 最大理由가 이믜 消滅되얏을 뿐더 러 從此로 朝鮮民族이 無數한 革命亂을 起한다 하면 日本의 合併 된 韓國은 反하야 東洋平和를 攪亂할 禍源이 될지라. 吾族은 正當

한 方法으로 吾族의 自由를 追求할지나 萬一 此로써 成功치 못하면 吾族은 生存의 權利를 爲하야 온갓 自由行動을 取하야 最後의 一人까지 自由를 爲하는 熱血을 濺할지니 엇지 東洋平和의 禍源이 아니리오. 吾族은 一兵이 無호라. 吾族은 兵力으로써 日本을 抵抗할 實力이 無호라. 然하나 日本이 萬一 吾族의 正當한 要求에 不應할진대 吾族은 日本에 對하야 永遠의 血戰을 宣하리라.

吾族은 久遠히 高等한 文化를 有하얏고 半萬年間 國家生活의 經驗을 有한 者이라. 비록 多年 專制政治의 害毒과 境遇의 不幸이 吾族의 今日을 致하얏다 하더라도 正義와 自由를 基礎로한 民主主義의 上에 先進國의 範을 隨하야 新國家를 建設한 後에는 建國以來 文化와 正義와 平和를 愛護하는 吾族은 반다시 世界의 平和와 人類의 文化에 貢獻함이 有할지라.

玆에 吾族은 日本이나 或은 世界各國이 吾族의게 民族自決의 機會를 與하기를 要求하며 萬一 不然하면 吾族은 生存을 爲하야 自由行動을 取하야써 吾族의 獨立을 期成하기를 宣言하노라.

朝鮮靑年獨立團
 右 代表者　　崔八鏞 李琮根
　　　　　　　金度演 宋繼白
　　　　　　　李光洙 崔勤愚

金喆壽 金尙德

白寬洙 徐 椿

尹昌錫

決議文

一. 本團은 日韓合倂이 吾族의 自由意思에 出하지 아니하고 吾族의 生存과 發展을 威脅하고 또 東洋의 平和를 攪亂하는 原因이 된다는 理由로 獨立을 主張함.

二. 本團은 日本議會 及 政府에 朝鮮民族大會를 招集하야 該會의 決議로 吾族의 運命을 決할 機會를 與하기를 要求함.

三. 本團은 萬國講和會議에 民族自決主義를 吾族의게도 適用하게 하기를 請求함. 右 目的을 達成하기 爲하야 日本에 駐在한 各國 大公使에게 本團의 主義를 各其政府에 傳達하기를 依賴하고 同時에 委員二人을 萬國講和會議에 派遣함. 右 委員은 旣히 派遣한 吾族의 委員과 一致行動을 取함.

四. 前項의 要求가 失敗될 時는 吾族은 日本에 對하여 永遠의 血戰을 宣함. 此로써 生하는 慘禍는 吾族이 그 責에 任치 아니함.

2.8독립선언서 _ 일본어판

　朝鮮青年独立団は二千万朝鮮民族を代表して、正義と自由との勝利を得たる世界万国の前に独立を期成せんことを宣言す。四千三百年の長久たる歴史を有する吾族は実に世界最古文明民族の一たり。三国中葉以降、往々支那の正朔を奉じたりことありと雖も、此は両国主権者間の形式的関係に過ぎず、朝鮮は常に朝鮮民族の朝鮮にして、曽て統一国家を失い、遺族の実質的支配を受けたることなかりき。

　日本は朝鮮が日本と唇歯の関係あるを自覚せりと称して、一千八百九十五年、日清戦争の結果、韓国の独立を率先して承認し、英、米、法〔フランス〕、徳〔ドイツ〕、露〔ロシア〕等諸国も独立を承認したるのみならず、此を保全せんことを約束したり。韓国は其の恩義に感じ、鋭意、諸般の改革と国力の充実とを図りたり。当時、露国の勢力東漸し、東洋の平和と韓国の独立を威脅せるを以て、日本は韓国と攻守同盟を締結し、日露戦争を開く。東洋の平和と韓国の独立の保全とは、実にこの同盟の主旨なりき。韓国は一層其の好誼に感じ、陸海軍の作戦上援助は不可能なりしも、主権の威厳をまで犠牲にして、可能なるあらゆる義務を尽て、以て東洋平和と韓国独立との両大目的を追及したり。戦争終結して、当時米国の大統領たりしルーズヴエルト氏の仲裁にて、日露間に講和会議の開設を見るに及びてや、日本は同盟国たる韓国の

参加を許さず、日露両国代表間に於て任意に日本の韓国に対する宗主権を議定したるより、日本は優越なる兵力を恃み、「韓国の独立を保全すべし」との旧約に違反し、暗弱なる当時の韓国皇帝及其の政府を威脅し欺罔し、「国力の充実能く独立を得る時期まで」との条件にて韓国の外交権を奪い、此を日本の保護国となし、韓国をして直接世界列国と交渉する道を断ち、次に「相当の時期まで」との条件にて司法警察権を奪い、更に「徴兵令実施まで」との条件にて軍隊を解散し、民間の武器を押収して、日本の軍隊と憲兵警察とを各地に配置し、甚しきに至りては皇宮の警備まで日本警察を使用したり。斯くの如くして韓国をして全く無抵抗なものたらしめ、明哲の称ある韓国皇帝を退位せしめ、知能に欠けたる皇太子を擁立し、日本の走狗を以て所謂合併内閣を組織して、秘密と武力との裏に合併条約を締結せり。茲に吾族は建国以来半万年、自己を指導し援助すべきを約したる友邦の帝国主義的野心の犠牲になりたり。実に日本の韓国に対する行為は、詐欺と暴力より出でたるものにして、斯くの如くして偉大なる詐欺の成功は、人類上特筆すべき大恥辱たりと信ず。

　保護条約を締結したる時、皇帝と賊臣ならざる数人の大臣があらゆる手段を尽くしたるのみならず、発表の後も全国民は赤子にて可能なるあらゆる反抗をなしたり。司法、警察権の被奪、及軍隊解散の時にも然り。併合の時に当りては手中に寸鉄も有せざるに拘わらず、可能なるあらゆ

る反抗運動をなして、精鋭なる日本の武器の犠牲となる者、其の数を知らず。爾来十年間、独立運動の犠牲となりたる者数十万、惨酷なる憲兵政治下に手足と口舌とに箝制を受けつゝも、曽て独立運動の絶えたることなし。此に由りて観るも、日韓合併は朝鮮民族の意思ならざるを知るべし。斯くの如くして吾族は、日本の帝国主義的野心、詐欺と力との下に吾族の意思に反する運命に置かれたる一事は、正義を以て世界を改造する此の時に当り、当然其の匡正を世界に求むべき権利あり。又世界改造の主人たる米と英とは、保護と合併とを率先承認したる理由により、此時に其の旧悪を贖う義務ありと信ず。

又、併合以来、日本の朝鮮統治の政策を観るに、併合当時の宣言に反し、吾族の幸福と利益とを無視し、征服者が被征服者に対する如き政策を応用し、吾族には参政権、集会結社の自由、言論出版の自由を許さず、甚しきに至りては信教の自由、企業の自由までも少なからざる拘束をなし、行政、司法、警察等、諸機関が朝鮮民族の人権を侵害し、公にも私にも吾族と日本人間に優劣の差滅を設け、日本人に比して劣等なる教育を施して、以て吾族をして永遠に日本人の被使役者たらしめんとし、歴史を改造して吾族の神聖なる歴史的、民族的伝統と威厳とを破壊し、凌悔し、少数の官吏を除く外、政府の諸機関及交通、通信、兵備等、諸機関に於て全部或は大部分日本人のみを使用し、以て吾族をして永遠に国家生活の知能と経験とを得べき機会を得ざらしむ。吾族

は決して斯かる武断、専制、不正不平等なる政治の下に於て生存と発展とを享受すること能わず。之に加え、元来人口過剰なる朝鮮に無制限に移民を奨励し補助し、土着の吾族をして海外に流離するを免らざらしめ、国家と諸機関は勿論、私設の諸機関にまで多数の日本人を使用し又は使用せしめ、一面朝鮮人をして職務と職業とを失わしめ、一面朝鮮人の富を日本に流出せしめ、又商工業に於ても日本人には特殊なる便益を与え、以て朝鮮人をして産業的勃興の機械を失わしむ。斯くの如く、いかなる方面より観るも、吾族と日本人との利害は相互背馳し、背馳すれば其の害を受くる者は常に又自然に吾族なり。吾族は生存の権利の為め独立を主張するものなり。

最後に東洋平和の見地から観るも、其の威脅者たる露国は既に帝国主義的野心を抛棄し、正義と自由と博愛とを基礎とする新国家の建設に努力しつゝあり。中華民国亦然り。之に加え、此度国際連盟実現せば、復、帝国主義的侵略を敢行する強国なかるべし。されば韓国を合併したる最大理由は既に消滅したるのみならず、此より朝鮮民族が無数の革命乱を起すとせば、日本に合併せられたる韓国は返りて東洋平和を攪乱する禍源たるに至るべし。吾族は正当なる方法によりて吾族の自由を追求すべきも、若此にて成功せざれば、吾族は生存の権利の為めにあらゆる自由行動を取り、最後の一人まで自由の為に熱血を濺ぐを辞せざるべし。此豈、東洋平和の禍源にあらざるや。吾族は一兵をも有せず。吾族

は兵力を以て日本に抵抗する実力なし。然れども、日本若し吾族の正当
なる要求に応ぜざれば、吾族は日本に対し永遠の血戦を宣すべし。

　吾族は久遠にして高等なる文化を有し、又半万年間、国家生活の経
験を有するものなれば、縦令多年専制政治の害毒と境遇の不幸とが吾
族の今日を致したるにもせよ、正義と自由とを基礎とする民主主義の上に
先進国の範を取りて新国家を建設せば、建国以来文化と正義と平和と
を愛子したる吾族は必ずや世界の平和と人類の文化とに貢献するところ
ならん。

　茲に吾族は、日本又は世界各国が吾族に民族自決の機会を与えんこ
とを要求し、若し成らずば、吾族は生存の為め自由行動を取り吾族の独
立を期成せんことを宣言す。

　朝鮮青年独立団
　右代表
　　　　　崔八鏞
　　　　　金度演
　　　　　李光洙
　　　　　金喆寿
　　　　　白寛洙
　　　　　尹昌錫

李琮根

宋継白

崔謹愚

金尚德

徐椿

決議文

一、本団は、日韓併合は吾族の自由意思に出でざるのみならず、吾族の生存と発展とを威脅し、又東洋平和を攪乱する原因たるべしとの理由により、独立を主張す。

二、本団は、日本議会及び政府に対し、朝鮮民族大会を招集し、其の決議にて吾族の運命を決すべき機会を与えられんことを要求す。

三、本団は、万国平和会議に、民族自決主義を吾族にも適用せんことを請求すべし。右目的を達せん為め、日本に駐在せる各国大公使に対し、本団の意思を各其政府に伝達方を依頼し、同時に委員二人を万国平和会議に派遣すべし。右委員は既に派遣せられたる吾族の委員と一致行動を取るべし。

四、前項の要求拒絶せらる時は、吾族は日本に対し永遠の戦いを宣すべし。此より生ずる惨禍は吾族其の責に任ぜず。

在日本東京靑年獨立團之宣言書

朝鮮靑年獨立團代表我二千萬民族撿正義自由期成我獨立宣言於世界萬國之前夫吾族有四千三百年長久之歷史而爲世界最高民族之一者也雖行時乎奪支那之正朔而此不過爲兩國皇室之形式的外交關係也而朝鮮常爲吾族之朝鮮未曾有一次之失其統一國家而受異族之實質的支配者也

日本謂與朝鮮有唇齒關係以一八九五年淸日戰爭之結果率先承認朝鮮之獨立而英美法德俄與諸國亦皆承認從爲保存焉立而□約束焉韓國亦戕其恩義兢兢於諂殷改革期圖完成其國力者矣當時俄國有威脅東洋之平和韓國之安寧者日本乃與韓國締結攻守同盟開俄日之戰爭維持東洋之平和韓國之獨立卽此同盟之主旨也於是韓國愈感其好意雖無陸海軍作戰上之援助而至於犧牲我主權之威嚴而凡係可能之義務無不盡力者追逐乎革韓國完旦其國力者矣國大統領故羅斯福氏以仲我開講和會議而日本不許同盟國之韓國參加俄日兩國之代表以對韓之宗主權任意議定

■本恃其優越之兵力遠反韓國獨立保全之舊約威脅韓國

一〇

皇帝及政府欺罔以韓國國力之充實爲定得獨立之時期勒施條件奪韓國之外交橫爲日本之保護國使韓國對於世界各國斷其直接交涉之道因而借相當時期之條件奪司法發察懲借敎兵令實施之條件解散軍隊押收民間武器以日本軍隊與憲兵警察遍置各道其至於皇宮之警備亦用日人之發察如此進行途使韓國作爲全無抵抗者然後放送我明哲之光武皇帝擁立皇太子利其精神之發達尙未充分也所謂內閣盡以日本之走狗組織竟以秘密與武力締結合併條約於是韓國犧牲於日本之軍國的野心政策以如此之詐欺行爲有如此偉大之成功與世界興亡史上未甞有之奇事人類之大耻辱也

夫締保護條約也除賊臣外皇帝與諸大臣爲極力反對發表犧牲於日本武器之下者不知其數爾來十年間以回復獨立之運動犧牲其生者亦數十萬雖彼惹兵政極其荒酷手足散之日亦然及其合併也雖手無寸鐵而爲極力反抗之運動後我全國民皆以赤手反抗至司法警察權之被奪與軍隊解與口舌無不受其箝制者而獨立運動未甞間斷觀此可知日韓合併非韓國民族之意思也吾族之殞命乃在日本軍國主

義的野心家詐欺暴力之下至値此正義人道改造世界之日

而求其匡正亦有當然之權利且爲改造世界之主人者若米

若英對於保護與合倂而爲率先承認者毛於今日亦有追贖舊

惡之義務矣

且自合倂以來以日本之統治政策觀之彼合倂時之宣言者

所謂增進吾族之幸福利益違欺人之言而惟以征服者對

於被征服者襲用古代非人道之政策對於吾族而參政權集

會結社之自由言論出版之自由一切不許至於信敎企

業之自由亦加拘束行政司法警察等諸機關無有不侵害朝

鮮民族之私權又公私上吾族與日人間優劣之差別懸殊施

吾族以劣等之敎育永使吾族爲日本人之使役者而已改造

歷史破壞我神聖之傳統與威嚴加以凌侮除少數官吏外政

府之各機關與交通信等備等各機關之全部或大部分盡

用日本人使吾族凡可以得到國家生活之智能與經驗者永無

機會之可得吾族在如此武斷專制不正不平之政治下決不

能享受其生存發展是彼在人口過剩之韓土獎勵

無限之移民使吾國富源流出日本至商工業必予日人以特殊

關勿論而私設之各機關亦盡用日本人一使吾國人民失其

職業一使吾國富源流出日本至商工業必予日人以特殊

之使從使吾族失其産業發與之機會減各方面觀之吾族與

任ㅁ本東京靑年獨立團之宣言書

日人間語殷利害互相背馳而受其害者吾族也故吾族之主

張獨立爲生存之權利者也

以最后東洋平和之見地言之彼最大威脅者若俄國旣抱米

其軍國之野心而東洋之合倂以正義與自由而從事於新國家之建設

中華民國亦然蓋此後國際聯盟之實現也必無敢行軍國主

義的侵略之强國矣然則合倂韓國之最大理由旣已消滅而

從此朝鮮民族若起革命之亂者日本之合倂實爲擾亂

東洋和平之禍源矣吾族惟一正當之方法追究吾族之自由

而若不能以此成功則吾族爲生存之權利取自由行動至殺

后一人必爲自由而戰其熱血必非爲洋平和之禍耶吾族

以兵力乎則雖無抵抗日本之實力然日本若不願吾族之正

當要求者不得不對於日本宣佈永遠血戰而已

吾族有高等之文化者久遠而且有半萬年國家生活之經驗

者雖以多年專制政治之害毒致吾有今日之不幸而今後以

自由民主主義先進國之範而建設新國家則以我建國以來

之文化愛好正義和平之吾族必能對於世界平和人類文化

而有所貢獻者炎

今玆吾族對於日本及世界各國要求民族自決之機허而如

其不然者吾族爲其生存取自由行動期成吾族之獨立玆書

宣言

一一

新 韓 青 年 □□□ 第一號

朝鮮靑年獨立團

右代表

崔八鏞　尹昌錫　金度演

李琮根　李光洙　宋繼白

金喆壽　崔謹愚　白冠洙

金尚德　徐椿

決議文

本團은日韓合併非出於吾族之意思而威脅吾族之生存發展且爲攪亂東洋平和之原因故吾族은主張獨立

二本團은召集朝鮮民族大會以該會決議對於日本議會及政府要求決定吾族之運命

三本團은擁護萬國平和會議之民族自決主義請求吾族之適用且爲達其目的對於駐在日本之各國大使公使要求傳達本團之意思於各其政府同時派遣委員二人于萬國平和會議與吾族全體之派遣委員取一致行動

四以上諸項之要求不幸而失敗則吾族惟有對於日本而爲永遠血戰以此而慘禍之發生은吾族不負其責

二二

34

PROCLAMATION

OF THE

Korean Young Men's League for National Independence

———

The "Korean Young Men's League for National Independence" representing their twenty million fellow countrymen hereby declare before all nations which enjoy the glorious victory of justice and freedom that we desire to restore the sovereign independence of Korea by applying the principle of self-determination also to the Korean people.

The Korean nation is one of the most ancient nations that have established and maintained an organized state and a higher civilization, leading an unbroken history through the course of more than forty centuries. Although it is true that at some periods Korea was placed under the suzerainty of the Emperor of China, that was no more than a nominal relation between the two ruling families without affecting the sovereign power of self rule on the part of Korea. It is right to say that Korea has always been the Koreans' own Korea so far as the power of self rule is concerned; she has never been ruled over essentially by any foreign nation. Herein we have the first reason of independence, viz., that of historical right.

Japan Obtains Control.

Japan was the first power to recognize and to guarantee the absolute independence of Korea at the Japan-China treaty of peace (1893) as the result of the Japano-Chinese war, declaring that she and the independent Korea were bound to stand and fall together; this was followed by the western powers in recognizing and guaranteeing the same thing. Korea thence forward made the utmost effort in reorganization and completion hoping to meet the friendly desire of her neighbors. In 1903, Japan persuaded Korea to form an offensive and defensive alliance with her for two common purposes, the maintenance of the peace of the East and the assurance of the absolute independence of Korea. These were then threatened by the aggressive eastward policy of Russia. During the Russo-Japanese war Korea did everything possible in fulfilling her duty toward an ally so much so that she did not care even to shrink from offering the services of her sovereign power in order to acquire the assurance of her absolute independence and the eternal peace of the East. With all this she, however, was not permitted to be represented at the peace conference, at which Japan's suzerainty over Korea was decided. This fact was witnessed by the late Roosevelt, being then President of the United States of America and the mediator between Japan and Russia. Then in spite of the previous promise to guarantee the absolute independence of Korea, Japan upon the strength of her superior militant force, forced the Emperor of Korea and his ministers to hand over to Japan "until Korea would become capable of resuming her absolute independence," the real purpose of Japan being to isolate Korea from the world, and to be able to do whatsoever she pleases with Korea.

Then Japan deprived Korea of judicial power and police authority "for a certain period," then dissolved the Korean national army "until a system of national conscription would be erected;" and then she detailed Japanese garrison guards, gendarmes and police stations all over Korea. Even the Imperial palace was guarded by Japanese policemen. Thus Japan succeeded in making Korea perfectly powerless for any resistance.

Emperor Is Dethroned.

Lastly Japan dethroned the Emperor of Korea because he, being an able man, resisted Japan in behalf of the independence of his empire, and because the Crown Prince was not of a full mental capacity (non compos mentis). Thus Japan organized the well-known annexation cabinet" members of which were all bribed puppet-players of Japan. After such preparations were completed, the annexation was made in dark secret and under heavy pressure of machine guns.

This is the process through which the ancient Kingdom of Korea became a victim of the cruel imperialistic ambition of a friendly neighbor who had confessed so many times to be the protector of her absolute independence. In short, this has been done by cunningly employed delusion and force. It must be accounted to be a great blot upon the history of the human race that such a wonderful end has been achieved by such means; and that this was recognized by the whole world.

When the protectorate treaty was forced by Japan, the Emperor of Korea and his ministers, except two or three bribed traitors, took all measures possible to resist this aggression by the neighbor; and when

36

it was announced, the whole nation did all that a perfectly defence-
when the judicial power and the police authority were transferred and
less nation could do to express its dissent. This also was the case
when the national army was dissolved. When at last the annexation
treaty was announced, thousands of patriotic souls became victims
of the picked troops of Japan. Since nine years from that time many
attempts at independence were made in vain under the saber autoc-
racy of the governor general of Chosen. This will suffice to show
that the annexation of Korea to Japan was never made with the free
consent of the Koreans. Here we have the second reason for asking
the international peace conference to rectify the mistake committed
by Japan, and recognized by Great Britain, the United States of
America and other powers.

Progress Is Hindered.

Now let us examine the policy which Japan applies in ruling Korea.
In spite of her declaration Japan disregards the well-being, interest,
and free progress of the Koreans. Political rights, freedom of meet-
ing and association, freedom of speech and press are all perfectly de-
nied to us; even the freedom of faith and of enterprise is to a great
extent interfered with; private or personal rights are not infrequently
infringed upon by the administrative, judicial or police authorities.
Japan makes a rigid distinction between Japanese and Koreans. She
provides an education much inferior to that of the Japanese them-
selves in order to keep the Koreans eternally useful slaves for the
Japanese, thus reconstructing history so as to destroy and wound the
national tradition and dignity of the Koreans. Except in some lower
offices, in almost all official and public services only Japanese officers
are employed, allowing the Koreans little or no opportunity to acquire
any knowledge and experience of a self-ruling national life. She could
never enjoy any free life and progress under such a military, auto-
cratic and essentially unjust government. Moreover, the unrestricted
immigration policy of Japan has compelled tens of thousands of the
Koreans to wander into Manchuria and Siberia ,for Korea is already
an over-populated country without the unwelcome immigrants from
Japan. Employing and forcing to employ Japanese in almost all gov-
ernmental and private organs or institutions has two serious results:
on the one hand it of all superior services and pro-
fessions; on the other it makes a great amount of Korean wealth flow
into Japan, the so-called motherland. Along the lines of commerce and
industry the Japanese are given much more support and greater ad-
vantage than the Koreans.

Viewed from any points the interests of Japan and Korea are not
identical, and whenever that is the case the one that is destined to
suffer the loss is always and naturally the conquered party. He is
the third reason for the right of Korea to insist upon its independence.

37

Threaten Eternal War.

Lastly, the eternal peace of the East as one of the two vital reasons for annexation has not only been fully annulled by the fact that Russia and China have abandoned or abjured any aggressive ambition and that the coming international union will allow no one to resort to imperialistic measures, but such annexation may be a source of dreadful peril as far as regards the peace of the East, for the Korean may be incited to rise to unending revolution. If we fail in regaining the long cherished freedom by means of open expression of opinion, we may feel prepared to take every measure for victory, and thus we should fight to the last drop of blood. We have no army, but we can declare an eternal war on Japan in case she denies our just demands.

As we have had superior civilization and a long experience of national life, we are fully convinced of success in establishing a new state upon the foundation of the principle of democracy. We hold to a firm belief that we will be able to contribute something to the peace and civilizaiton of the world, if we are allowed to make free and unhindered progress along our own lines.

We hereby appeal to Japan and to other countries requesting the application of the principle of self-determination also to the Korean nation. If this be not permitted we are quite prepared to take any means possible to gain this final and exceedingly proper aid.

The Representatives of the Korean Young Men's League for

Independence,

PALYONG CHOI,
TOYEN KIM,
KWANG SHOO LEE,
CHEOLSHOO KIM,
KWANSHOO BAIK
CHOEN SUR,
CHANGSEOK YOON,
JONGKUEN LEE,
GEBAIK SONG,
KUENWOO CHOI,
SHANGTOOK KIM.

38

RESOLUTIONS

The Korean Young Men's League for Independence has resolved:

1. To declare themselves for an absolute independence of Korea on the ground that the annexation of Korea to Japan was not only done without the free consent of the Koreans, but this, on the one hand, threatens the free national existence and progress of Korea, and on the other, it is likely to be a source of peril toward the eternal peace of the East;

2. To lodge a petition in the House of Representatives for the application of the principle of self-determination to Korea;

3. To appeal to the international peace conference for the same thing as mentioned in the foregonig article; for this purpose the League shall make a request to the heads of foreign missions for the transmission of the intention of the League to the governments they respectively represent, and it shall send two delegates to the international peace conference who shall act in accordance with the delegates already sent by the Koreans to France.

4. To declare war on Japan in case when our just demands be denied, we should not be responsible for whatever damage it would produce.

주

1 최형동, 「三·一과 中央學校」, 『三·一運動五十周年紀念論集』(동아일보사, 1969), 313쪽.

2 朝鮮憲兵隊司令部編, 『朝鮮騷擾事件狀況(大正八年)』(嚴南堂書店, 1969), 1쪽.

3 문재인 대통령 2.8독립선언 100주년 기념사.

4 예를 들어 3.1독립운동 100주년 때 간행된 한국역사연구회 편, 『3.1운동 100년』(휴머니스트, 2019)이라는 전 5권의 논집에 2.8독립선언에 관한 논고는 필자가 쓴 「2.8독립선언의 전략성과 영향」 하나뿐이다.

5 재일조선YMCA 회관은 관동대지진 때 소실되었기 때문에 현재 재일본한국YMCA 회관 위치와 다르다. 1919년 당시 재일조선YMCA 회관은 현재 센슈專修대학 간다캠퍼스 부근에 있었지만 그 터에 기념비 등이 건립되어 있지 않다.

6 이하 제1절 내용은 특별히 각주가 없는 한 졸저 『朝鮮独立運動と東アジア 1910-1925』(思文閣出版, 2013) 제2장에 근거한다.

7 편집인, 〈二號之光이 出現〉, 《學之光》 2, 1914. 4, 1쪽.

8 이하 제2절 내용은 특별히 각주가 없는 한 졸고 「第一次世界大戦の勃発と朝鮮独立運動: 対華二十一ヶ条要求をめぐる二つの戦略」, 『東アジア近代史』 18, 2015 및 『朝鮮独立運動と東アジア 1910-1925』 제3장에 근거한다.

9 若林正丈, 『台湾抗日運動史研究(増補版)』(研文出版, 2001), 43쪽.

10 川島真, 「関係緊密化と対立の原型: 日清戦争後から二十一ヶ条要求まで」, 劉傑·三谷博·楊大慶編, 『国境を越える歴史認識: 日中対話の試み』(東京大学出版会, 2006), 46쪽.

11 박은식 지음, 김승일 옮김, 『한국통사』(범우사, 1999), 38쪽.

12 이하 제3장의 내용은 특별히 각주가 없는 한 졸고, 「第一次世界大戦の終結と朝鮮独立運動: 民族「自決」と民族「改造」」(《人文学報》 110, 2017) 및 졸고, 「ロシア革命と朝鮮独立運動: 現代韓国·北朝鮮の淵源」(宇山智彦 編 『ロシア革命とソ連の世紀 5巻 越境する革命と民族』(岩波書店, 2017))에 근거한다.

13 吉野作造, 〈講和条件の一基本として唱へらるゝ民族主義〉, 《中央公論》 33-3, 1918. 3, 92~96쪽.

14 呂運弘, 『夢陽 呂運亨』(青廈閣, 1967), 20쪽.

15 渡辺裕子, 「もうひとつの中国人留学生史: 中国人日本留学史における中華留日基督教青年会の位置」, 『明治学院大学教養教育センター紀要』 5-1, 2011. 3, 19~20쪽.

16 이하 제4절의 내용은 특별히 각주가 없는 한 졸저, 『朝鮮独立運動と東アジア 1910-1925』(思文閣出版, 2013) 제4, 6장에 근거한다.

17 松尾尊兌, 『民本主義と帝国主義』(みすず書房, 1998), 227쪽.

18 坂口満宏, 〈国際協調型平和運動: 「大日本平和協会」の活動とその史的位置〉, 《キリスト教社会問題研究》 33, 1985. 3, 130~131쪽.

19 〈衆議院予算総会〉, 《読売新聞》, 1919. 2. 20, 탁지부는 조선총독부 재무 관계를 담당하는 부서로 1919년 8월의 관제 개정 때 재무국으로 변경되었다.

20 警保局保安課, 「朝鮮人槪況」, 大正九年六月三十日(朴慶植 編, 『在日朝鮮人關係資料集成』 1(三一書房, 1975)). 23명에는 2.8독립선언 전에 유학을 마치고 중국으로 건너간 경우도 포함되어 있다.

21 '내선內鮮'의 '내'는 식민지본국(=내지) 일본을, '선'은 식민지 조선에 대한 차별적 용어로서, '내선'은 일본과 조선을 의미한다.

22 박찬승, 『대한민국의 첫 번째 봄 1919』(다산초당, 2019), 48~52쪽.

23 이경준, 〈非常時代와 民族〉, 《學之光》 4, 1915. 2. 이하 《학지광》 인용문은 최대한 한글 및 현대 한국어로 표기했음을 알려둔다.

24 務實生, 〈企業論〉, 《학지광》 3, 1914. 12. 이외에도 《학지광》 6(1915. 7)에 실린 金利俊, 〈出陣하는 勇士諸君에게〉 및 필자 미상, 〈社会의 更生(具體的 活動方式)〉 등 《학지광》에는 이와 같은 논조의 글이 다수 게재되었다.

25 徐椿, 〈西歐戰亂에 對한 三大疑問〉, 李光洙, 〈우리의 理想〉, 《학지광》 14, 1917. 12 등.

26 金俊淵, 〈世界改造와 吾人의 覺悟〉, 《학지광》 20, 1920. 7.

27 姜濟東, 〈不可思議〉, 《학지광》 22, 1921. 6.

28 金恒福, 〈이것이 人生이다〉, 《학지광》 21, 1921. 1.

29 워싱턴회의는 해군 군축 문제, 영일동맹, 산둥성 이권 등 중국 문제, 시베리아 철병 등 파리강화회의가 남긴 문제와 회의 참가국들이 동아시아 및 태평양 지역에서 보유하는 권익의 재정비를 논의하기 위해 미국, 영국, 프랑스, 이탈리아, 중국, 네덜란드, 벨기에, 포르투갈과 일본이 참여하여 개최한 국제회의이다. 조선인은 1920년 미국 의원의 아시아(조선·중국·일본) 방문 때에도 워싱턴회의 때에도 조선의 독립을 호소하고자 적극적 활동을 전개했다. 그 일환으로 유학생들은 미 의원의 도쿄 방문과 일본 전권위원의 워싱턴 출발에 맞춰 집회를 여는 등 행동에 나섰다. 특히 워싱턴회의 때에는 동맹휴학, 일제 귀국 등 단체 행동을 취했기 때문에 도쿄에서는 경계의 대상이 되었다.

30 국사편찬위원회 삼일운동데이터베이스 참조.

31 眉湖生, 〈謹告我半島父兄〉 3; 宋鎭禹, 〈思想改革論〉 5, 1915. 5; 盧翼根, 〈經濟振興에 對한 余의 意見〉 6; 田榮澤, 〈舊習의 破壞와 新道德의 建設〉 13, 1917. 7; 秋峯(張德秀), 〈兩班의 衰亡과 撲滅論〉 15, 1918. 3 등.

32 硏語生, 〈朝鮮語學者의 誤解〉, 天外子, 〈支那地方에 朝鮮遺跡〉 10, 1916. 9; 吳祥根, 〈朝鮮史의 各時代〉, 金道泰, 〈우리의 이름〉, 李丙燾, 〈閨房文學〉 12, 1917. 4; 極光〈最近의 文明消息〉 14호; 李丙, 〈讀書偶感〉, 極光, 〈朝鮮文化의 遺蹟〉 17, 1918. 8 등.

33 편집인, 〈富의 必要를 論하여 商工業勃興의 急務에 及함〉 12.

34 金俊淵, 〈世界改造와 吾人의 覺悟〉 20.

35 尹相喆, 〈外觀內省〉, 21.

36 자세한 내용은 졸고, 〈一九二二年′中津川朝鮮人虐殺事件〉, 《在日朝鮮人史研究》 40, 2010. 10을 참조 바란다.

37 이하 제2절의 내용은 특별히 각주가 없는 한 졸고, 〈一九二〇年代の「内鮮融和」政策と在日朝鮮人留学生: 寄宿舎事業を中心に〉, 《歷史評論》 729, 2010. 12에 근거한다.

38 앞 문서, 警保局保安課, 〈朝鮮人槪況〉.

39 相愛會總本部, 『事業施設の槪要』, 1927. 5.

40 김태엽, 『투쟁과 증언』(풀빛, 1981), 109쪽.

41 1919~1922년 사이 일본에서는 조선여자학흥회, 불교청년회, 무산청년회, 천도교청년회, 형설회, 흑우회, 북성회 등 다양한 유학생 및 청년단체가 만들어졌다.

42 鄭又影, 〈融和商売〉, 《読売新聞》, 1921. 12. 26.

43 〈鮮人に関する不注意な論議〉, 《中外日報》, 1923. 6. 5.

44 그리고 '내선융화'가 얼마나 현실과 동떨어진 그릇된 슬로건이었는지는 1923년 관동대지진 때 자행된 조선인 학살로 여실히 알 수 있다.

45 1920년부터 감독업무를 맡은 동양협회의 고토 아사타로後藤朝太郎는 유학생들이 간섭을 싫어하고 자유를 중시한다는 인상이 강한데 특히 헌병이나 순사를 매우 싫어했다고 한다. (後藤朝太郎, 「在日留学生に就きて」, 横井誠應, 『朝鮮文化の研究』(仏教朝鮮協会, 1922)).

46 동양협회와 타이완 유학생에 관해서는 紀旭峰, 『大正期台湾人の「日本留学」研究』(龍渓書舍, 2012)를 참조 바란다.

47 〈虐げられた人たち朝鮮人苦学生救われん〉, 《読売新聞》, 1922. 11. 8.

48 〈督學部寄宿舍〉, 《동아일보》, 1923. 5. 10; 〈金剛洞轉賣는 何故〉, 《조선일보》, 1923.

7. 31; 〈督學部寄宿舍는 十四年度로 延期〉,《동아일보》, 1924. 2. 4; 〈督學部留學生이 田中部長不信任〉,《동아일보》, 1924. 2. 16; 〈田中督學部長辭職言明〉,《동아일보》, 1924. 7. 12

49 〈彙報: 在內地朝鮮学生指導に関する施設〉,《文教の朝鮮》創刊号, 1925. 9; 〈彙報: 在內地朝鮮学生係改称並職制〉,《文教の朝鮮》, 1925. 10.

50 〈督學部移管과 其他問題에 對하야〉,《동아일보》, 1925. 3. 17; 〈朝鮮總督府經營의 東京留學寄宿舍〉,《조선일보》, 1925. 3. 21; 〈東京朝鮮人留學生寄宿舍를 突然廢止〉,《동아일보》, 1925. 3. 22.

51 국가보훈처, 『조선·타이완특별요시찰인약식명부』(선인, 2016), 19쪽. 의명통첩이란 행정관청의 명령에 의해 그 보조기관이 보내는 통첩을 의미한다.

52 이상 각 규정 및 통첩에 대한 상세한 내용은 「在日朝鮮人取締の内務省等通牒」(朴慶植 편, 앞 책)을 참조바란다. '요시찰조선인시찰내규'는 1935년에 폐지되고 같은 해 9월 1일부로 이 규정을 포함한 종래의 각종 요시찰 규정은 모두 '특별요시찰인시찰내규'(警内訓 3)로 통합 시행되었다(국가보훈처, 『조선·타이완특별요시찰인약식명부』, 22쪽).

53 宮地忠彦, 『震災と治安秩序構想』(クレイン, 2012), 78, 86쪽.

54 〈鮮人指導の懇談〉,《東洋時報》278, 1921. 11.

55 이형식 편저, 『斎藤實·阿部充家 왕복서한집』(아연출판부, 2018), 19쪽. 이하 특별히 각주가 없는 한 斎藤·阿部의 지원에 대해서는 졸고 〈朝鮮総督斎藤実と阿部充家による朝鮮人留学生「支援」〉,《日韓相互認識》4, 2011. 3에 근거한다.

56 이 글은 2019년 2월 2일 재일한인사료관에서 개최한 심포지엄에서 발표한 내용을 대폭 가필 수정한 것이다.

57 이광수의 메이지가쿠인 유학시절에 대해서는 波田野節子, 『李光洙: 韓国近代文学の祖と「親日」の烙印』(中公新書, 2015) 제2장을 참조 바란다. 이광수의 일본 유학 전, 톨스토이의 종교사상 관계 저작 일본어판은 다수 출판되어 있고, 메이지 시기 일본의 지식인에게 큰 영향을 끼쳤다(柳富子, 『トルストイと日本』(早稲田大学出版部, 1998), 10~21쪽, 31~40쪽).

58 톨스토이의 종교사상에 대해서는 八島雅彦, 『トルストイ』(清水書院, 1998), 135~148쪽 참조.

59 トルストイ, 加藤直士 번역, 『我宗教』(文明堂, 1930), 55쪽.

60 그 배경에는 이광수가 톨스토이에 경도되는 한편 인간의 욕망을 있는 그대로 긍정하는 시인 바이런의 영향을 받았다는 사실과 연관된다(波田野節子, 앞 책, 35~42쪽).

61 「教員生活」은 전집에 수록되어 있다.

62 小野容照, 『朝鮮独立運動と東アジア 1910-1925』(思文閣出版, 2013), 80, 103쪽.

63 오산중학·고등학교 편, 『오산80년사』(오산중·고등학교, 1984), 110~111쪽.

64 松谷基和, 〈三·一運動における「キリスト教徒」と「教会」〉, 《歷史評論》 827, 2019. 3.

65 류태경은 "본명으로 수천壽泉은 아호雅號이다. 일찍이 베이징에서 유학하던 때 대
   륙적으로 저 유명한 아태웅별궁亞太應別宮의 소재지인 만수산萬壽山과 옥천산玉
   泉山을 보고서 각각의 가운데 글자를 취해 붙였"던 것이다(〈讀者と記者〉, 《亞細亞
   公論》 1-6(10月號), 1922, 63쪽). 또한 류태경은 "1923년(다이쇼 12년) 6월 20일에
   아세아공론을 채홍석蔡鴻錫 외 3명에게 양도하고 미국·독일·프랑스·이탈리아 경
   제 상태 시찰을 위해 요코하마항을 출발하여 미국으로 향했다"고 한다(『特高警察
   關係資料集成』 32(不二出版, 2004), 131쪽).

66 臺灣總督府警務局, 『臺灣社會運動史』(復刻板)(龍溪書舍, 1973), 24쪽.

67 조던 샌드ジョルダン·サンド(Jordan Sand) 저, 天內大樹 역, 『帝國日本の生活空間』
   (岩波書店, 2015년), 12쪽.

68 松尾尊兌, 『近代日本と石橋湛山: 《東洋經濟新報》の人びと』(東洋經濟新報社, 2013
   년).

69 竹山護夫, 『竹山護夫著作集 第二卷: 大正期の政治思想と大杉榮』(名響刊行會,
   2006).

70 吳密察, 「臺灣史の成立とその課題」, 溝口雄三 ほか 編, 『アジアから考える(三) 周緣
   からの歷史』(東京大學出版會, 1994), 226쪽.

71 위의 책, 106쪽.

72 吳濁流, 『夜明け前の臺灣: 植民地からの告發』(社會思想社, 1972), 53쪽.

73 《青年朝鮮》 第1號, 1922. 2. 15쪽.

74 〈編輯室〉, 《臺灣》 제4년 제4호, 1923

75 타이완동화회台灣同化会에 대해서는 다음과 같은 지적이 있다. "대만인에 의한 정
   치적 민주주의 획득을 위한 최초의 조직은 이타가키 다이스케의 타이완 방문을
   계기로 하여 1914년 12월에 결성된 타이완동화회였다. 타이완동화회의 요구는 '타
   이완인도 사람이다, 일본인과 동등한 권리와 대우를 받고 싶다는 것'이었다. 이 조
   직은 1915년 2월 말, 타이완총독부에 의해 해산을 명 받았다."(淺田喬二, 『日本植
   民地研究史論』(未來社, 1990), 596쪽). 또한 타이완동화회에 대해서는 岡本眞希子,
   〈植民地在住者の政治參加をめぐる相剋: 「臺灣同化會」事件を中心として〉, 《社會科學》
   89(同志社大學, 2010)을 참조.

76 佐藤由美, 〈青山學院の臺灣‧朝鮮留學生に關する記錄(1906~1945) (Ⅲ)〉, 《青山學院大學教育會 紀要「教育研究」》第50號, 2006, 61쪽.

77 신아동맹당에 대한 자세한 내용은 小野容照, 『朝鮮獨立運動と東アジア 1910~1925』(思文閣出版, 2013)을 참조. 효명회曉明會와 건설자동맹建設者同盟의 활동에 참가했던 아시아인 유학생에 대해서는 社會文庫 編, 『大正期思想團體視察人報告』(柏書房, 1965) 34, 40쪽을 참조.

78 臺灣總督府警務局, 앞의 책, 24쪽.

79 〈「誌題」懸賞募集〉, 《亞細亞公論》創刊號, 28쪽.

80 《亞細亞公論》의 취지와 일본인 집필자에 대해서는 後藤乾一, 〈大正デモクラシーと雜誌《亞細亞公論》: その史的意味と時代背景〉, 《アジア太平洋討究》12(早稻田大學アジア太平洋研究センター, 2009)를 참조.

81 푸리위에 대해서는 高紅梅, 〈大連における傅立魚: ナショナリズムと植民地のはざまで〉, 《言語‧地域文化研究》11(東京外國語大學地域文化研究科, 2005), 43~59쪽이나, 橋本雄一, 〈「五四」前後の大連における傅立魚の思想と言語: 一九一九年ごろの日本植民地に生きた中國知識人を觀察するということ〉, 《立命館大學》615(立命館大學, 2010), 55~67쪽 등을 참조.

82 창간호에 축사를 부친 조선인 백남훈도 대학부 정치경제학과 졸업생이다. 백남훈에 대해서는 佐藤飛文, 〈解說 白南薰について〉, 《明治學院歷史資料館資料集第八卷 朝鮮半島出身留學生から見た日本と明治學院》(明治學院歷史資料館, 2011), 113~114쪽을 참조. 또한 조선인 집필자에 대한 상세 내용은 裵姈美, 〈雜誌《亞細亞公論》と朝鮮〉, 《コリア研究》4(立命館大學コリア研究センター, 2013)을 참조.

83 後藤乾一, 앞의 논문, 154쪽.

84 《亞細亞公論》創刊號, 90~91쪽.

85 『日本本國民に與ふ』(岩波書店, 1928)에서 차이페이훠는 중일관계에 대해 다음과 같이 지적했다. "실로 일본 대 조선‧타이완 문제는 일본 대 중국 문제의 2대 시금석으로서, 중일 관계는 일본과 조선, 일본과 타이완의 관계에서 그 연결의 단서를 얻게 될 것이다"(같은 책, 139쪽).

86 《亞細亞公論》創刊號, 24쪽.

87 《亞細亞公論》創刊號, 24쪽.

88 《亞細亞公論》2-1(新年號), 1923, 16쪽.

89 拙稿, 〈植村正久と臺灣: 一近代日本キリスト者を通じて〉, 《問題と研究》36-6(國立政治大學國際關係研究センター(臺北), 2007)을 참조.

90 小野信爾, 『五四運動在日本』(汲古書院, 2003); 「三一運動と五四運動」, 『青春群像: 辛亥革命から五四運動へ』(汲古書院, 2012)[初出 1982].

91 中央大學人文科學研究所 編, 『五・四運動史像の再檢討』(中央大學出版部, 1986).

92 吉澤誠一郎, 「公理と强勸: 民國八年の國際關係論」, 貴志俊彦・谷垣眞理子・深町英夫 編, 『摸索する近代日中關係: 對話と競存の時代』(東京大學出版會, 2009).

93 〈國民對於山東問題之一致奮起〉, 《時報》 1919. 5. 6.

94 隻眼, 〈朝鮮獨立運動之感想〉, 《每週評論》 第14號, 1919. 3. 23.

95 孟眞, 〈朝鮮獨立運動中之新敎訓〉, 《新潮》 第1卷 第4號, 1919. 4. 1.

96 〈朝鮮獨立的消息 民族自決的思潮 也流到遠東來了!〉, 《每週評論》 第13號, 1919. 3. 16.

97 〈兪頌華の投書に對する陳獨秀の回答〉, 《新靑年》 第3卷 第1號, 1917. 3. 1.

98 武藤秀太郎, 『「抗日」中國の起源: 五四運動と日本』(筑摩書房, 2019), 124~129쪽.

99 小野寺史郎, 〈第一次世界大戰期の中國知識人と「愛國」の群衆心理: 陳獨秀を中心に〉, 《メトロポリタン史學》 14, 2018. 12.

100 孟眞, 〈社會-群中〉, 《新潮》 第1卷 第2號, 1919. 2. 1.

101 隻眼, 〈山東問題與國民覺悟〉, 《每週評論》 第23號, 1919. 5. 26.

102 孟眞, 〈中國狗和中國人〉, 《新靑年》 第6卷 第6號, 1919. 1. 1.

103 惲代英, 〈爲少年中國學會同人進一解〉, 《少年中國》 第3卷 第11期, 1922. 6. 1.

104 石川禎浩, 『中國共産黨成立史』(岩波書店, 2001), 70~75쪽.

105 山室信一, 『思想課題としてのアジア: 基軸・連鎖・投企』(岩波書店, 2001).

106 石母田正, 『歷史と民族の發見 歷史學の方法と課題』(東京大學出版會, 1952), 269쪽.

107 遠山茂樹, 「解說」, 『石母田正著作集』 14(岩波書店, 1989), 411쪽.

108 ニム・ウェールズ, キム・サン 著, 松平いを子 譯, 『アリランの歌: ある朝鮮人革命家の生涯』(岩波文庫, 1987), 75쪽.

109 지수걸, 「총론 3.1운동의 역사적 의의와 오늘의 교훈」, 한국역사연구회 역사문제연구소 편, 『3.1민족해방운동연구』(청년사, 1989), 14쪽. 조선독립운동의 3.1독립운동 평가에 대해서는 지수걸, 〈3.1운동과 국내 공산주의 계열의 민족해방운동: 일제시기 조선인 공산주의자의 역사 만들기〉, 《한국독립운동사연구》 13(독립기념관 한국독립운동사연구소, 1999); 공임순, 〈3.1운동의 역사적 기억과 배반, 그리고 계승을 둘러싼 이념정치: 3.1운동의 보편(주의)적 지평과 과소/과잉의 대표성〉, 《한국근대문학연구》 24(한국근대문학회)를 함께 참조하기 바란다.

110 지수걸, 「총론 3.1운동의 역사적 의의와 오늘의 교훈」, 한국역사연구회 역사문제
연구소 편, 앞의 책, 14~16쪽.

111 지수걸, 위 논문, 21~22쪽.

112 지수걸, 위 논문, 16~18쪽.

113 지수걸, 위 논문, 18~19쪽.

114 〈主張 三一革命と學同國旗事件〉,《學同ニュース》(在日朝鮮學生同盟關東本部, 1949.
3. 5).

115 拙稿, 「在日朝鮮人の形成と「關東大虐殺」」, 趙景達 編, 『植民地朝鮮: その現實と解放
への道』(東京堂出版, 2011), 102쪽.

116 본서 수록 오노의 논문 참조 바람.

117 배영미, 〈도쿄지역 재일조선인의 3.1운동 기념일 투쟁의 양상과 특징: 1920년대
~1940년대〉,《한국독립운동사연구》59(독립기념관 한국독립운동사연구소, 2017).

118 〈萬世橋のうえで大虐殺を敢行 金斗鎔氏談〉,《解放新聞》1947. 2. 20.

119 김두용에 대해서는 拙稿, 〈金斗鎔と『プロレタリア國際主義』〉,《在日朝鮮人史研究》
33, 2003을 참조.

120 이상의 경험에 대해서는 金如水, 〈尹槿〉,《靑年會議》4, 1949. 3, 54쪽(朴慶植 編,
『在日朝鮮人關係資料集成 「戰後 篇」9(不二出版, 2001), 125쪽 수록).

121 〈銃劍の前で獨立萬歲を絶叫 尹槿氏追憶談〉,《解放新聞》1947. 2. 20.

122 '關東大震災犧牲同胞慰靈碑'에 대해서는 拙稿, 「解放直後の在日朝鮮人運動と「關
東大虐殺」問題: 震災追悼行事の檢討を中心に」, 關東大震災90周年記念行事實行委
員會 編, 『關東大震災 記憶の繼承: 歷史·地域·運動から現在を問う』(日本經濟評論
社, 2014)를 참조. 이 논문에서는 위령비 제막식 일자를 여러 곳에서 '2월 23일'
이라고 잘못 기재했다(앞 논문 123~124쪽). 이는 필자의 부주의로 인한 오기이
며 '4월 23일'이 옳다. 이 지면을 빌려 사과와 함께 정정한다.

123 山田昭次, 『關東大震災時の朝鮮人虐殺』(創史社, 2003), 36쪽. 비문은 이 책
244~245쪽을 참조.

124 森田芳夫, 『數字が語る在日韓國·朝鮮人の歷史』(明石書店, 1996), 71쪽.

125 위의 책, 259쪽.

126 위의 책, 259~260쪽.

127 〈三一政治學院卒業式〉,《民衆新聞》, 1946. 6. 15.

128 삼일정치학원에 대해서는 拙著, 『朝鮮獨立への隘路: 在日朝鮮人の解放五年史』(法
政大學出版局, 2013), 144~146쪽을 참조.

129 崔聖寬, 〈ソ連の勞動者と勞動組合〉, 《解放新聞》, 1946. 11. 20.

130 石母田正, 앞의 책, 260쪽.

131 위의 책, 268~269쪽.

132 위의 책, 269쪽.

133 위의 책, 269쪽.

134 위의 책, 272쪽.

135 이사아관계회의에 대해서는 奧野保男, 〈アジア關係會議について: 非同盟運動の源流にかんする一考察〉, 《東洋研究》70(大東文化大學東洋研究所, 1984)를 참조.

136 〈여운형 뉴델리범아시아회의 불참과 좌익신당조직문제 등 회견〉, 《동아일보》 1947. 3. 15.

137 장세진, 『슬픈 아시아: 한국지식인들의 아시아 기행(1947~1966)』(푸른역사, 2012).

138 在日本朝鮮人聯盟, 「第十回中央委員會議事錄(1947. 5. 15.)」(朴慶植, 『在日朝鮮人關係資料集成「戰後篇」』1(不二出版, 2000) 153쪽 수록).

139 〈自由獲得のために各民族共同戰線〉, 《解放新聞》1947. 4. 1.

140 〈民族解放共同戰線へと亞細亞民族結集 在日民族連絡委員會〉, 《解放新聞》1947. 4. 15.

141 〈印度獨立祝賀會〉, 《朝連中央時報》1947. 8. 22; 〈インドネシア獨立宣言二周年記念式〉, 《朝連中央時報》1947. 8. 22.